경제적 자유를 위한 난생처음 부자 수업

엄마의 돈공부

이지영 지음

다산북스

이토록
돈 공부가 필요한 순간

"5년 전, 몇 번이나 실패했던 난임 시술 끝에 쌍둥이가 태어 났어요. 하지만 기쁨은 잠시였고 육아로 인한 산후 우울증이 왔 어요. 그보다 더 힘들었던 것은 경제적인 압박감이었습니다. 출 산 이후 경력이 단절되면서 외벌이로 살림을 꾸려야 한다는 부 담감이 저를 짓눌렀어요.

전화기를 붙들고 초등학교 때부터 가장 친했던 친구에게 울 먹였어요. 조심스럽게 제 이야기를 듣던 친구가 '민지야, 괜찮 은 거야?'라고 묻더군요. 끊고 나서 괜스레 외롭고 서러운 마음 에 한참을 펑펑 울었어요.

다음 날, 친구에게 곱게 포장된 책 선물이 왔어요. 바로 이 책이었습니다. 책을 만나고 제 삶이 정말 많이 달라졌어요. 이미 너무 늦었다는 조바심이 들었는데, 이 책은 지금도 늦지 않았다고 제 옆에서 용기를 주고 속삭이는 것 같았거든요.

지금은 큰애가 6살이에요. 책 덕분에 돈에 대한 걱정에서 벗어났고, 쌍둥이들이 뛰어노는 오붓한 내 집도 마련했어요. 그리고 무엇보다 저 자신을 사랑하게 되었어요."

『엄마의 돈 공부』를 출간한 후, 많은 독자들이 메일이나 서평으로 이와 같은 후기를 남겨주셨다. 책을 낸 저자로서 이보다 더 가슴이 벅차오르는 순간이 있을까? 지금, 이 순간 나의 마음은 깊은 감사로 가득하다.

책의 어떤 메시지가 이토록 많은 독자의 마음을 움직였을까? 아마도 철없던 내가 두 아이의 엄마가 된 후 겪었던 경제적 막막함과 두려움, 고뇌 그리고 우울했던 경험까지도 있는 그대로 모두 책에 담겨 있기 때문인 것 같다. 누구보다 좋은 엄마가 되고 싶었던 나의 마음과는 다르게 나의 시작은 초라하기 그지없었다. 원룸 빌라에서 신혼을 시작하며 '이미 늦어버린 것은 아닐까' 하는 불안감에 시달리기도 했다. 하지만 나는 돈 때문에 가족끼리 싸우고 싶지 않고, 돈 때문에 아이에게 미안해하고 싶지 않고, 돈 때문에 나를 잃고 싶지 않아서 눈물을 참으면서 돈 공부를 시작했다. 이 여정에서 독자들도 자신과 똑같은 모습을 발견했을 것이다.

이 책이 많은 사랑을 받았다는 것은 한편으론 그만큼 여성을 위한, 엄마를 위한 재테크서가 아직도 많이 부족하다는 방증이기도 하다. 아무것도 하지 않고 가만히 있다가는 '벼락 거지' 신세를 면하지 못하게 될 것이라는 두려움 속에서 사람들은 부동산, 주식, 암호 화폐 시장에도 몰려들고 있다. 서점에는 수많은 투자서와 재테크서가 넘쳐난다. 그러나 막상 엄마들은 여전히 돈 관리라면 고개를 흔들며 어려워하거나, 돈에 대한 이야기를 터부시하는 환경 속에서 어디서부터 돈 공부를 시작해야 할지 헤매고 있다.

돈 문제는 삶의 깊은 곳에 자리 잡은 채 엄마들의 인생을 뒤흔든다. 끝이 보이지 않는 터널 속에 혼자 덩그러니 남겨진 것처럼 깊은 절망감을 느끼는 엄마들에게 감히 말하고 싶다. 지금 이 두려움과 불안감은 당신 탓이 아니니 힘을 내시라고, 그리고 돈 공부로 일어서느냐 이대로 멈춰버리느냐는 오로지 당신의 몫이라고 말이다.

여기 한 사람이 있다. 어릴 때 부모님 파산 후, 내 방을 한 번도 가져보지 못한 채 돈을 원수처럼 생각했던 사람이다. 종잣돈 1500만 원으로 먹자골목 원룸 빌라에서 신혼을 시작했고 아이에게만은 자신의 방을 마련해주고 싶어 악착같이 종잣돈 1억을 모아 내 집을 마련했지만, 이내 다시 옥탑방으로 이사한다. 대학교 입학 때부터 학자금 대출로 아르바이트를 한 번도 쉰 적이 없을 정도로 돈 버는 일을 멈춘 적이 없었는데, 보이는 것은 딱 두 가지다. 영원히 나를 짓누를 것만 같은 빚, 그리고 눈에 넣어도 아프지 않은 두 아이. '언제까지 이렇게 살아야 하나' 자신도 모르게 깊은 한숨이 나온다. 꼬리에 꼬리를 물고 이어지는 걱정으로 며칠 밤을 뜬눈으로 지새운다. 그리고 결심한다. 진정한 돈 공부로 내 인생을 다시 시작하겠다고 말이다. 경제적 자유를 꿈꾸기에 늦은 나이란 없다고 되뇐다. 바로 나의 이야기다.

처한 상황이 다르고, 나이가 다르고, 시기가 다를 수 있다. 그러나 우리에게는 공통점이 있다. 바로 세상에서 가장 사랑하는 나의 아이를 낳아, 세상에 단 하나뿐인 엄마가 되었다는 점. 무엇보다도 지켜야 할 가족이 있다는 점. 어떤 상황도 이겨낼 '사랑'이라는 힘이 있다는 점. 수많은 엄마들의 모습은 모두가 어딘가 깊이 닮았다.

그래서인지 돈 공부로 막막해하는 독자들을 만날 때면, 세상이 두렵고 불안했던 나의 모습을 보는 것만 같았고, 강의 후 그분들의 손을 꼭 마주 잡을 때면, 나도 모르게 친정엄마의 모습이 떠올랐다. 동생이 3살 때 아버지께서 대기업 회사를 그만두시게 되자, 어떻게든 자식을 지키고 키우고자 엄마가 동네 아파트 단지 길에서 옷을 판매하셨다. 두 남매를 업고 버스로 2시간을 달려 남대문에서 떼온 옷들이었다. 어느새 거칠고 마디가 두꺼워진 엄마의 손을 잡을 때면 늘 눈물이 핑 돈다. 그래서 그분들 손을 잡아 드릴 때면, 내 마음도 뭉클해졌고 뜨거워졌다. 이 말씀을 꼭 드리고 싶다. "엄마라는 이유 단 하나만으로도 당신은 부자가 될 자격이 있습니다"라고.

이번 개정판에는 재테크 전문가로서 방송에서 재무 상담과 멘토링을 하며 전했던 나만의 돈 관리 비법과 노하우, 가슴 깊은 곳에서부터 전하고 싶었던 희망과 용기를 더욱 가득히 담았다. 모든 것이 한 치 앞조차 내다보기 힘들 정도로 빠르게 변하는 불안정한 시기에, 이 책이 나와 내 가족의 경제적 안정을 지켜줄 변치 않는 지침서가 되기를 소망한다.

돈 공부를 시작한 후, 나는 나의 가능성을 온전히 '믿어주는' 사람이 되었다. 내 안에 있던 강점을 발견하고 나의 꿈, 나의 재능, 나의 열정에 집중했다. 그렇게 10년의 세월이 흘렀고, 마침내 가난에서 벗어나 돈으로부터 자유로운 삶을 살고 있다. 나에게 돈 공부는 내 삶을 주도적으로 살 수 있도록 하는, 나와 가족을 지키는 공부였고 나의 내면이 성장하는 공부였다. 그렇기에 나는 무엇보다 당신이 당신 삶의 진정한 주인이 될 수 있기를 바라며, 나의 삶을 스스로 일으켜 세우는 힘을 되찾기를 진심으로 기원한다.

이제 당신의 차례다.

세상에서 가장 아름다운 단어 '엄마.' 그 단어가 '돈 공부'라는 단어와 마주하면, 꿈과 가능성의 문이 새롭게 활짝 열린다. 그리고 돈 공부를 시작하기에 늦은 나이란 결코 없다. 돈 공부를 통해 자유로운 세상과 만나고, 당신이 꿈꾸는 바로 그곳에 도달할 수 있다. 나에 대한 믿음으로 당당하게, 내 꿈을 향해서 한 발짝 내딛기를 진심으로 응원한다.

따뜻한 응원의 마음을 담아서,
이지영

차례

| 1부 |

엄마, 돈 공부를 시작하다

"사랑, 엄마가 쓸 수 있는 가장 강력한 레버리지"

| 2부 |

엄마의 자존감을 지키는 5·3·2 시크릿 머니 법칙

"돈 공부는 결국 나를 찾기 위한 과정이다"

| 3부 |

부자 되는 습관을 기르는 엄마의 하루

"전문가가 아닌, '나'를 믿기 위하여"

| 4부 |

처음 도전하는 엄마의 실전 투자

"남자보다는 여자가, 여자보다는 엄마가 투자에 더 강하다"

첫걸음이 두려운 당신께 | 할 수 있다는 용기 충전

경제적 자유로 가는 길,
이미 당신 안에 있다

지금으로부터 약 15년 전, 벚꽃이 피어나고 따사롭던 봄에 남편과 나는 결혼식을 올렸다. 우리만의 집도, 화려한 예물도 없었지만 우리는 그저 함께하는 것만으로도 행복했다.

신혼 3년이 지나고 소중한 나의 첫아이를 갖게 되었다. 당시 삼전동 작은 빌라에 살았던 나는 태어날 아기를 위해 예쁜 아기방을 마련해주고 싶었다. 사랑하는 아기와 뛰어놀고 남편과 휴식을 취할 수 있는 나만의 따뜻한 보금자리를 갖고 싶었다.

그때부터 나는 내 집 마련을 할 수 있는 종잣돈을 마련하기 위해 적극적으로 돈을 모으기 시작했고, 실거주로 매수할 적당

한 아파트를 찾아보면서 부동산을 공부했다. 주말이면 세미나에 가고 주중에는 평생교육원 강의도 들으며 열심히 산 결과, 서울 역세권의 79제곱미터(24평) 아파트를 매수할 수 있었다.

그런데 참 신기하게도 아이가 크고, 직장에서 인정받고, 소유하고 있는 주택 수가 더 늘어났는데도, 내 마음은 점점 공허해져만 갔다. 곰곰이 생각해보니 가장 중요한 것을 놓치고 살았음을 알게 되었다. 바로 '나 자신을 위해 살아가는 나'라는 역할이었다. 결혼 후 새롭게 얻은 며느리, 아내, 엄마라는 역할을 해내면서 정작 가장 중요한 나를 잊고 있었던 것이다.

그때부터 나는 잃어버린 나를 되찾고 삶을 행복하게 만들어줄 일을 찾기 위해 고민하기 시작했다. 이제 나에게 '돈 공부'란 단순히 자산을 늘리기 위한 것이 아니라, '나 자신을 더더욱 아껴주기 위한 과정'으로 그 의미가 확대되었다. 그래서 나는 수입의 일부를 나에게 쓰기 시작했다. 건강을 챙기기 위해 헬스장에 등록했고, 주말에 한 번씩 조조 영화를 보러 갔다. 그리고 두 달에 한 번씩 홀로 기차 여행을 떠났다. 이렇게 내가 좋아하는 일에 돈과 시간을 쓰며 아내, 엄마로서의 역할도 병행해왔다.

그렇게 시간이 흘러 나와 남편은 106제곱미터(32평) 아파트에서 창밖의 한강 야경을 바라보며 또 다른 꿈을 꾸고 있다. 그리고 이제 우리 집에는 아기방 대신 나만의 서재가 생겼다. 또,

우리 부부는 서울과 경기도에 있는 시세 50억 원 정도의 주택 및 상가에서 매년 대기업 임원 연봉 이상의 수익을 얻고 있다.

나는 세상의 모든 엄마가 그 무엇보다도 소중한 '자기 자신'을 위해서 행복해지길 바란다. 그런데 우리의 행복을 막는 것이 있다. 바로 '돈'이다. 특히나 결혼 후에는 행복이 결코 마음만으로 유지될 수 없다는 사실을 절감하게 된다.

그래서 나는 돈이 없어서 아이에게 미안해지고, 돈이 없어서 사랑하는 남편을 원망하게 되고, 돈이 없어서 자신이 하고 싶은 일을 마음껏 하지 못하는 그런 삶에서 하루빨리 벗어나게 해줄 방법을 공유하고자 펜을 들었다.

하지만 당신은 부자가 되기는 글렀다며 벌써부터 체념하고 있을지도 모른다. 소위 대한민국에서 부자가 되는 방법에는 다음 세 가지가 있다고 하지 않던가.

첫째, 부자 부모를 만난다.
둘째, 부자 남편을 만난다.
셋째, 로또에 당첨된다.

하지만 과연 정말 그럴까? 현재 총 50억 원 이상의 자산을 갖고 있는 나는 위의 세 가지 조건 중 어느 하나도 충족하지 못한

평범한 사람이었다.

우선 부모님은 내가 고등학생 때 대형 서점 두 곳을 운영하다 가 파산하셨다. 새로 분양받은 93제곱미터(28평) 아파트에 새로운 가구를 가득 들여놓고 새 차를 몰고 다니던 부모님은 하루아침에 이것들을 모두 처분하고, 산동네 반지하 방으로 이사를 해야 했다. 그러나 '아모르파티(Amor Fati)', 즉 '네 운명을 사랑하라'는 말이 있다. 나는 살아가는 동안 일어나는 모든 일에는 당시의 내가 알 수도 없고 깨달을 수도 없는 의미가 있다는 말을 믿는다.

만약 당시 우리 집이 어렵지 않았다면, 나는 부모님의 희생과 사랑이 얼마나 대단한지 깨닫지 못하고 받는 것을 당연시했을지도 모른다. 나는 '부자 부모'를 만나지 못했지만, 그렇기에 인생에서 정말 중요한 가치를 깨달을 수 있었다.

이번에는 부자가 되는 두 번째 길, '부자 남편'에 관한 이야기를 해보겠다. 우리 부부는 남편이 일하던 어학원에서 강사에게 제공해준 원룸 빌라에서 신혼 생활을 시작했다. 당시 우리가 가진 돈은 1500만 원이 전부였지만, 우리 나름대로 꿈과 계획이 있었다.

안타깝게도 결혼 후 곧 현실적인 문제들이 닥쳐왔다. 내가 집에 와서 다음 날에 있을 회의를 준비하면, 남편은 집에서 영화를 보며 쉬고 싶어 했다. 서로 다른 스케줄로 한 사람이 아침 일찍 일어나거나 저녁에 늦게 자면, 다른 한 사람은 그로 인해 스트레스를 받기 시작했다.

원룸은 안 되겠다는 생각에 종잣돈 2000만 원을 가지고 방 두 칸짜리 빌라를 알아보기 시작했다. 그런데 보증금이 적다 보니 월세가 높았다. 그리하여 우리는 계약 기간이 1년인 월세에 살며 매년 보증금이 조금이라도 높은 곳으로, 이사를 가고 또 갔다. 결국 신혼 3년간 세 번이나 이사를 하게 되었다.

처음 이사를 간 집은 낮에도 빛이 잘 안 들어오는 데다 방음도 안 되어 옆집에서 부부 싸움을 하는 소리를 다 들어야 했다. 그럴 때마다 '우리는 왜 이렇게 가진 것 없이 시작했을까?' 하며 한숨을 쉬었다. 실제로 우리는 집들이 한번 하지 않았고, 세탁기는 중고로 7만 원에 샀으며, 가스레인지는 3만 원에 구입했다.

그런데 참 신기하게도 남편과 나는 여행에는 돈을 아끼지 않았다. 결혼 1주년에는 한강이 내려다보이는 W호텔 스위트룸에서 야경을 바라보며 함께 미래를 꿈꾸기도 했다. 만약 그때 그 여행비까지 모두 아끼고 살았다면, 조금 더 빨리 더 많은 종잣돈을 모았을지도 모른다. 하지만 그 여행은 그 무엇과도 바꿀 수 없는 우리만의 추억이 되었다.

넓은 집에서 처음부터 새 가구를 들이고 남들의 눈에 비치는 모습을 의식하며 돈을 썼다면, 오히려 남편과의 추억을 만들 생각은 하지 못했을 것 같다. 함께 꿈을 꾸고 점차 우리만의 삶을 만들어가는 행복을 느끼게 된 것은, 어쩌면 그 힘들었던 시작이 있었기 때문인지도 모른다.

나이를 먹을수록 세상에는 돈으로 살 수 없는 것들이 너무나 많다는 점을 깨닫는다. 솔직히 예전에는 돈이면 무엇이든 다 할 수 있을 것 같았고, 돈이면 행복도 사랑도 손쉽게 얻을 수 있을 줄 알았다. 하지만 지나고 보니, 삶에 고비가 올 때마다 나를 지탱해주었던 것은 남편과 함께 이겨내었던 시간, 같이 만들어간 기억들이다. 내가 손수 준비했던 첫아이의 백일잔치, 설레는 마음으로 참석했던 아이의 초등학교 첫 공개 수업, 아이들을 부모님께 맡기고 남편과 둘이 떠났던 해외여행……. 이 모든 것들이 삶의 공백을 채워주는 보석이 되었고, 내가 힘들고 지칠 때마다 다시 한 번 일어날 수 있는 용기를 주었다. 이처럼 나에겐 '부자 남편'이 없었기에 둘이서 함께하는 시간의 소중함을 절실히 깨달을 수 있었다.

마지막으로 부자가 되는 세 번째 길, '로또에 당첨되는 것'에 관해 이야기해보겠다. 2014년에 사회의 여러 문제들을 고발하는 프로그램 〈그것이 알고 싶다〉에서 복권 당첨자들의 당첨 이

후 이야기가 보도된 적이 있다. 그런데 아이러니하게도 일생일대의 행운을 얻은 로또 당첨자들의 삶은 그리 행복하지 못했고, 오히려 당첨 후 더 불행한 삶을 살아야 했다. 실제로 미국에서 거액 복권 당첨자의 삶을 조사한 결과, 90퍼센트 이상은 파산, 이혼, 범죄 등에 연루되어 당첨 전보다 경제적으로, 가정적으로 더욱 불행해졌다고 한다.

돈이란 우연히 주어지는 것이 아니라, 그 사람의 그릇만큼 모이는 것이다. 따라서 운이 좋게 돈이 들어와도 내 그릇이 그걸 담아내지 못하면 그 돈을 장악하기 어렵다. 결국 돈에 욕심을 내기 전에 돈을 담을 수 있는 '부의 그릇'부터 키워나가야 한다.

이처럼 나는 부유한 집안에서 자라지도 못했고, 부유한 남편과 결혼하지도 못했다. 그리고 로또는 사본 적도 없다. 신혼 때의 나를 되돌아보면, 맞벌이로 직장을 다니면서 악착같이 하루하루를 살아온, 부자가 된다는 것은 단지 꿈과 희망에 불과했던 평범한 주부였다. 그리고 직장 일, 육아, 재테크를 병행하며 수많은 좌절과 어려움을 겪었다. 그렇지만, 지금은 버겁고 힘겨웠던 과거마저도 삶에 반드시 필요한 과정이었음을 알게 되었다.

어쩌면 지금 이 순간 이 책을 펼친 당신은 자신이 감당할 수 있는 무게보다 훨씬 더 무겁고 힘든 짐을 홀로 지고 있는지도 모른다. 결혼을 하고 아내가 되고 엄마가 되면서 커져만 가는 책임감에 짓눌려 삶의 의미를 찾으려는 노력조차 큰 사치처럼 느낄지도 모른다. 사랑스러운 아이들을 볼 때마다 더 많이 주지 못해 미안하면서도 경제적 자유를 이루기 위해 어디서부터 어떻게 시작해야 할지 몰라 불안감이 삶을 옭아매고 있을지도 모른다. 하지만 절대로 함부로 희망을 놓지 않길 바란다.

《포브스》가 선정한 세계 부자 순위 500위권에 올라 영국 여왕보다 더 큰 부자가 된 『해리 포터』의 작가, 조앤 롤링은 20대 초반, 고향인 영국에서 포르투갈로 건너가 결혼을 한 후 2년 만에 이혼하고 무일푼으로 고향에 돌아온 싱글맘이었다. 그녀는 스물여덟 살에 아이와 단둘이 남아 정부 보조금으로 생계를 이어가는 이혼녀가 되었다. 보조금이 떨어져 분유마저 살 수 없을 때는 아기에게 우유 대신 맹물을 먹여야 했다. 그때마다 그녀의 눈에는 피눈물이 맺혔지만, 자신의 품에 안긴 작은 딸아이를 보며 이를 악물었다.

그리고 그때부터 가장 소중하다고 생각하는 일에 몰입하기 시작했다. 매일 아침, 아기를 유모차에 태우고 공원을 걸으며 소설의 스토리를 구상했고, 아이가 잠들면 집 근처 커피숍에 앉아 글을 썼다. 이렇게 지쳐 쓰러질 때까지 혼신의 힘을 다해 글을 써서 소설을 완성했다.

그 후, 그녀에게 일어난 일은 마법과도 같다. 그녀의 책은 날

개 돈친 듯 팔렸을 뿐 아니라 영화로 제작되기에 이르렀다. 그
녀는 과거를 회상하며 이렇게 말했다.

실패는 누구에게나 두려운 일입니다. 하지만 실패가 두려워 아무
것도 하지 않는다면 시작도 하기 전에 패배한 것이나 다름없습니
다. 세상을 바꾸는 데 마법은 필요하지 않습니다. 그 힘은 이미 우
리 안에 존재하고 있으니까요.

마지막 순간, 그녀는 자신이 갖고 있던 두 가지를 떠올리고
이에 집중하기로 했다. 그것은 그녀의 재능도 아니었고, 좋은
남자를 만나고 싶다는 희망도 아니었다. 어느 누구도 그녀에게
서 빼앗아 갈 수 없고, 어느 누구와도 비교할 수 없는 그녀만의
두 가지 힘은 바로, '자신의 배 속에서 태어난 아이에 대한 뜨거
운 사랑'과 '최악의 순간에도 나의 꿈을 믿어주는 힘'이었다.
약해빠진 나를 여기까지 이끌어준 힘 또한 마찬가지다. 지
쳐서 포기하고 싶을 때마다 나를 일으켜주었던 바로 그 말, '엄
마.' 세상에 이것만큼 마음을 울리는 말이 또 있을까?
나 또한 엄마이기에 세상에 이렇게 위대한 사랑이 있다는 것
을 알게 되었고, 엄마이기에 힘든 일도 견뎌낼 수 있는 힘을 갖
게 되었다. 엄마이기에 힘든 현실에 맞서서 현명하게 돈과 시간

을 관리할 의지를 다질 수 있었고, 엄마이기에 우리 가족을 위한 경제적 자유를 얻기 위해 쉴 새 없이 달려왔다.

당신도 지금 이 순간의 두려움을 이겨내고 한 걸음을 내딛기를 바란다. 비록 힘든 상황에 처해 있고 몸과 마음이 모두 지쳐 있다고 할지라도, 힘들게 걷고 있는 이 길이 언젠가는 반드시 완벽하게 연결된다는 사실을 믿기 바란다. 경제적 자유와 행복으로 나아가는 힘은 이미 당신 안에 있다.

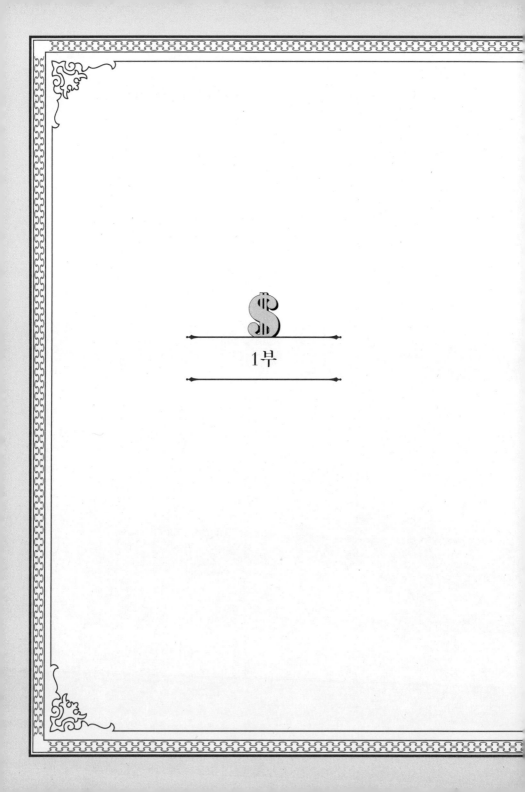

1부

엄마,
돈 공부를
시작하다

"사랑, 엄마가 쓸 수 있는
가장 강력한 레버리지"

나는 결혼 후 맞벌이로 살아왔
다. 워킹맘으로 사는 나의 머릿속은 육아, 재테크, 일에 대한 생
각으로 가득했다. 하지만 그중 가장 많은 부분을 차지하고 있으
며, 내 삶의 모든 부분에 가장 큰 영향을 주는 것은 역시나 나의
아이들이다.

　배 속에 있는 우리 아기의 심장 소리를 듣던 그 순간을 나는
아직도 잊을 수가 없다. 그 신비감과 경이로움은 태어나서 단
한 번도 느껴보지 못한 강렬한 것이었다. 그 강렬함에 이끌려
악착같이 종잣돈을 모았고, 결국 아이를 위해 출산 보름 전 아
파트를 매수했다. 그러나 얼마 지나지 않아 나는 다시 허름한
빌라로 이사를 가야 했다.

　내가 스스로 선택한 결핍의 환경이었지만, 사실 아무것도 모
르는 순수한 아이에게는 미안하기 그지없었다. 아파트에 들어

갈 때 구입했던 2in1 에어컨(실외기 한 대에 실내기 두 대를 연결하는 형태)은 설치할 공간도 없었고, 아기를 위한 놀이방도 없어졌다. 아이의 책도 중고 전집으로 구입하기 시작했다.

그때부터였던 것 같다. '돈'이라는 걸 꼭 내가 장악해야겠다고 느꼈던 것은. 재개발 예정 지역의 빌라 꼭대기 층으로 이사를 가던 그날, 나는 정말 독해지기로 결심했다.

여름에는 덥고 겨울에는 외풍이 심해서 아기에게 너무 미안했지만, 누구보다 열심히 노력하는 당당한 엄마가 되고 싶었다. 물론 돈이 부모 노릇의 전부는 아니다. 하지만 돈이 없어서 아이에게 가난한 환경이나 열등감을 물려주는 엄마가 아니라, 아이가 자신의 재능을 마음껏 펼칠 수 있도록 뒷바라지해주는 엄마가 되고 싶었다. 돈을 벌기 위해서 아이를 늘 혼자 두는 엄마가 아니라, 돈이 있기에 아이와 함께 더 많은 시간을 보낼 수 있는 엄마가 되고 싶었다.

워킹맘으로 살면서 정말 많은 분의 도움을 받아야 했다. 다행히 이제는 누군가의 도움이 필요 없을 정도로 아이들이 자랐지만, 여전히 아이가 다치거나 아플 때면 밤새워 뒤척이다 출근을 한다. 야근이나 회식을 하고 들어가면 아이들은 잠도 안 자고 현관에서 목 빠지게 엄마를 기다리고 있다. 주말이면 아이들은 엄마가 곁에 있다는 사실에 신이 나 새벽부터 일어나서 뛰어다니고, 조그만 손으로 나를 흔들어 깨우며 "엄마, 일어나요"라고 합창한다. 그럴 때마다 나는 "알았어. 엄마 눈 떴어. 자는 거 아니거든" 하며 간신히 눈을 뜨곤 했다. 정말 잠 한번 실컷 자보는 것이 간절한 소망인 날들이었다.

그럼에도 불구하고 새근새근 잠든 아이들을 바라볼 때면 언제나 내 가슴은 뜨거워진다. "정말 고마워, 엄마 아들로 태어나 줘서"라는 말이 저절로 가슴 깊은 곳에서 올라온다. 아이들에게 사랑을 듬뿍 주는 대신 내 꿈에 대한 욕심으로 가득한 나. 그런 나는 스스로가 엄마로서 늘 부족하게만 느껴진다.

그런데 참 신기하게도 천진난만한 두 꼬마는 나를 거대한 우주처럼 여기며 거의 완벽에 가까운 사랑을 보여준다. '존재만으로 감사한 사랑'을, 나는 이 아이들 곁에 있으면서 알게 되었다. 아이들이 나에게 전해준 이 사랑 덕분에 나는 앞으로 나아갈 수 있었다.

당신은 어떤 엄마가 되고 싶은가?

나는 모든 엄마들이 가난의 피해자가 되지 않기를, 그리고 가난을 대물림하지 않기를 바란다. 나 역시 그러한 과정을 지나가고 있는 사람에 불과하지만, 그럼에도 더 강하게 마음먹고 더 힘차게 앞으로 나아갈 수 있기를 바란다.

과거를 되돌릴 수 있는 사람은 아무도 없다. 하지만, 미래는 분명히 우리가 어떻게 하느냐에 달려 있다고 믿는다. 10년 후 나는 어떤 부모가 되고 싶은지 생각해보자. 자녀에게 자신의 재능을 마음껏 펼칠 수 있는 미래를 물려주고 싶지 않은가?

아직은 밝고 희망찬 미래를 물려줄 준비가 되어 있지 않더라도, 절대로 좌절하거나 포기할 필요는 없다. 바로 지금부터 당신이 어떻게 하느냐에 따라서 분명히 미래를 바꿀 수 있기 때문이다.

돈에 휘둘리는 삶을 타파하기 위해 먼저 알아야 하는 것은 바로 '레버리지(Leverage)의 힘'이다. 레버리지란 '지렛대'라는 뜻으로, 모자란 돈을 빌려서 투자해 수익률을 극대화하는 투자 방법을 일컫는다. 즉, 내가 지금 가진 것이 적어도 레버리지를 통해 이를 극복할 수 있는 것이다.

〈다윗과 골리앗〉 이야기에서도 다윗이 골리앗보다 훨씬 작고 약하지만, 투석기(레버리지)를 이용하여 골리앗과의 싸움에서 승리한다. '금수저'가 아닌 우리는 다윗과 같다. 지금 자신이 가진 힘, 오직 노동력만 이용해 가난과의 싸움에서 이기는 것은 거의 불가능에 가깝다. '죽어라 일만 하는 사람은 부자가 될 수 없다'

는 말을 들어본 적 있는가? 안타깝게도 현실에서는 열심히 일만 하고, 수입은 모조리 저축하고, 절대로 빚을 지지 않으려는 사람들이 그들과는 정반대에 있는 사람들, 즉 타인의 시간과 돈을 레버리지로 사용하는 사람들에게 뒤처지는 경우가 많다. 은행이 절대로 망하지 않는 이유 중 하나는 열심히 일하는 사람들이 저축한 돈을 높은 금리로 대출해주면서 이자를 받고 투자하여 더 큰 수익을 내기 때문이다. 다시 말해 은행이 사람들의 돈을 레버리지로 활용하기 때문에 하루하루 더 부자가 되고 있는 것이다.

어쩌면 당신은 열심히 일하는 것 외에 당신이 당장 쓸 수 있는 자신만의 레버리지가 없다고 생각할지도 모른다. 하지만 절대로 그렇지 않다. 레버리지는 이미 당신 안에 존재하고 있기 때문이다.

엄마인 당신이 이미 갖고 있는 레버리지는 바로 아이들을 위해 무엇이든 할 준비가 되어 있는 '엄마의 사랑'이다. 그리고 나의 삶을 스스로 일으켜 세우겠다는 '나 자신에 대한 사랑'이다. 그 외에도 우리에게 주어진 시간, 발굴되지 않은 능력, 나를 도와주는 사람들, 배움을 향한 열정 등이 있다.

아침이면 피곤한 몸으로 지하철을 타고 회사에 출근하고 미래에 대한 걱정으로 하루를 보내기에 앞서, 지금 내가 전혀 사용하지 않는 레버리지가 있는지 한번 생각해보자. 지금 나는 다 윗인데 내 몸 하나로 골리앗을 이기겠다고 아등바등 지내는 건 아닌지 말이다. 지금 당신이 돈 때문에 힘든 건 게으르거나 능력이 없어서가 아니라 '방법'이 잘못되었기 때문일 수도 있다. 지금부터 당신 안에 이미 존재하고 있는 레버리지가 무엇인지 곰곰이 생각해보고 이를 최대한으로 활용해보도록 하자.

엄마가 돈 공부를
시작해야 하는 이유

창업 7년 만에 연 매출 5000억 원이라는 고속 성장을 이룬 글로벌 기업, '켈리 델리'의 창업자 켈리 최 회장은 영국 여왕보다 부자로 알려진 자산가이다. 그런데 놀랍게도 그녀는 과거에 10억 원의 빚더미에서 힘겨운 나날을 보내기도 했다.

켈리 최 회장의 부모님은 가난했고, 그래서 육 남매가 모두 고등학교에 진학하지 못하기도 했다. 아픈 아버지 대신 가족의 생계를 책임지셨던 어머니의 고단한 삶을 보며 자란 그녀는 '이대로 가난에 질 수는 없다'고 생각하고 방법을 찾아 나서기 시작했다.

이후 사업에 성공하였으나 다시 큰 실패를 겪게 되어 빚더미에 올라앉게 된 그녀는 힘겨운 시간을 보냈다. 하지만 그녀는 절망하지 않고 어떤 상황에서든 자신을 믿고 사랑해주시는 엄마의 모습을 떠올렸다.

"그래, 이대로 무너질 수는 없어! 난 자랑스러운 우리 엄마의 딸이야. 다시 그렇게 될 거야."

그녀는 더 이상 가난하게 살면 안 된다는 마음으로 악착같이 돈을 벌기 시작했다. 그리고 마침내 눈부신 성공을 이루어냈다.

10억 원의 빚이 있는 상태에서도 그녀는 다시 꿈을 꾸고, 새로운 사업을 구상하기 시작했다. 여러 번 거절을 당했으나, 그녀의 열정에 감동한 초밥 장인 야마모토 선생님에게 초밥 만드는 노하우를 배우게 되었다. 그리고 이후 2년 동안 마트 직원보다 더 자주, 더 오래 마트에 들르며 노력한 끝에 그녀는 큰 성공을 이룬 CEO가 되었다.

더 큰 행복과 자유를 얻기 위해 지금 당장 포기해야 하는 것들은 분명히 존재한다. 그녀가 만약 빚더미에서 주저앉고 수입을 얻을 방법을 적극적으로 모색하지 않았다면, 결코 켈리 델리 1호점을 오픈할 수 없었을 것이다. 극한의 순간에도 그녀는 새로운 배움과 도전을 선택했다.

많은 사람들은 투자를 하고 싶고 자기계발을 하고 싶어도, 결국 '돈이 없어서' 못 한다고 말한다. 나는 그런 사람들에게 켈리 최 회장의 사례를 보며 지금 자신의 상황을 다시 한번 냉정하게 바라보기를 권하고 싶다.

나 역시 신혼 3년간 종잣돈을 모으기 위해 최선을 다했다. 그리고 마침내 3년 만에 1억 원을 모아서 본격적으로 투자를 할 수 있었다. 그렇다면 엄마에게 필요한 돈 공부를 실천할 수 있는 방법에는 어떤 것들이 있을까? 당장 비과세 저축통장을 개설해야 한다든가, 어떤 펀드를 선택해야 한다는 등의 말은 하고 싶지 않다. 무조건 안 먹고 안 쓰고 모아야 한다는 말은 더더욱 하고 싶지 않다. 그 대신 나는 다음 세 가지를 강조하고 싶다.

첫째, 나만의 〈Why〉를 분명히 알고 시작한다.

둘째, 자기 자신에게 아낌없이 투자한다.

셋째, 작은 목표가 이루어지면, 스스로에게 분명한 보상을 한다.

강력한 〈Why〉는 〈How〉로 이어진다

대부분의 사람들은 성공한 사람들에게 "어떻게 그것이 가능했나요?"라고 물으며 '어떻게', 즉 〈How〉에 초점을 맞춘다. 하지만 정말 중요한 것은 〈How〉가 아니라 '왜' 그렇게 했냐는 것이다. 〈Why〉가 분명하게 세워지면 저절로 현재 자신의 상황에 맞는 〈How〉를 찾게 된다. 켈리 최 회장의 경우 '어머니께 자랑스러운 딸로 거듭나겠다'는 열망이 그녀의 〈Why〉였고, 이를 바탕으로 〈How〉를 찾아냈다.

단순히 '남들이 종잣돈이 중요하다고 하니까 모아야겠다'가 아니라, 정말 돈을 모으고 불려야 하는 절박한 이유, 즉 내 삶의 〈Why〉가 정립되었을 때 우리는 자발적으로 궁핍을 선택할 힘을 얻고, 그래야 힘든 과정을 거치면서도 행복을 유지할 수 있다. 내가 정리했던 〈Why〉는 다음과 같다.

① 그 누구에게도 통제당하지 않는, '나를 잃지 않는 삶'을 살고 싶다

부모님이 대로변에 3층짜리 건물을 갖고 있어서 부러움을 샀던 부잣집 친구가 있었다. 디자인을 전공한 그 친구는 대학을 졸업하고 미국으로 유학을 가서 유명한 디자이너가 되고 싶다는 꿈을 꾸고 있었다. 그렇지만, 그녀의 부모님은 졸업 학기부터 좋은 조건의 남자와 선을 보라고 끊임없이 압력을 넣었다. 결국, 대학교 졸업 후 바로 조건이 맞는 남자와 선을 보고 5개월도 안 되어 결혼했다.

그런데 처음과는 달리 시부모님이 점점 속내를 드러냈다. 며느리가 아들을 위해 내조하기를 바랐고, 손주를 빨리 가져 육아에 전념하기를 원했다. 애지중지 귀하게 자란 남편도 아내의 꿈 따위에는 관심이 없었다. 그렇게 친구는 외로워졌다.

그 누구에게도 통제받지 않고 온전한 나의 삶을 살아가기 위해서는 기본적으로 '자기 스스로 경제적인 책임을 지겠다는 용기'가 반드시 필요하다. 그 친구는 자신이 희생양이라고 말하지만, 남에게 의존하며 얻은 안락함 속에서 혼자 힘으로 시작하는 것에 대한 두려움을 키웠고 결국 인생의 주도권을 남에게 빼앗기게 되었다.

나는 누군가에게 의지하면서 얻는 당장의 편안함이 아닌, '그 누구에게도 통제받지 않는 독립적인 삶'을 살고 싶었다. 이러한 가치는 내가 결혼을 하고 엄마가 되어서도 변하지 않았다. 나는 엄마가 되어서도 나 자신을 잃지 않고 나의 꿈을 지지하는 삶을 살길 원했다.

② 사랑하는 남편과 돈 문제로 아등바등 살고 싶지 않다

나의 부모님은 누구보다 선하고 성실한 분들이었지만 가난 때문에 부부 싸움이 잦았고, 항상 돈 문제로 힘들어하셨다.

2015년 한국의 이혼율은 OECD 국가 34개 회원국 중 9위, 아시아 회원국 중 1위를 차지했다. 그렇다면 이혼 사유 1위는 무엇이었을까? 2012년 한국 보건 사회 연구소에서 기혼자들을 대상으로 조사한 결과, '경제적 이유'가 1위를 차지했다.

"돈이 뭐가 중요해. 너무 '돈, 돈' 하면 안 돼. 사랑만으로 행복한 게 진정한 부부지"라고 말할지도 모르지만, 삶의 한 부분으로서 돈이 그 무엇보다 강력한 영향을 끼치는 건 사실이다. 아등바등 하루하루 힘겹게 살아가면 몸도 마음도 지칠 수밖에 없고, 이런 상황에서는 부부가 서로를 돌보기 어렵다.

나는 우리 부부의 미래가 부모님이나 시부모님의 미래와는 달리 여유롭고 아름답기를 바랐다. 남편과 함께 세계 여행도 하고 멋진 휴양지에서 살고 싶었다. 경제적 자유를 이룸으로써 어디든지 갈 수 있는 '공간적 자유'와 언제든 내 마음대로 시간을 쓸 수 있는 '시간적 자유'를 함께 얻고 싶었다.

③ 아이들이 잠재력을 펼칠 수 있도록 뒷받침해주는 엄마이고 싶다

어릴 적에 빛나는 잠재력이 있음에도 불구하고 이를 발견할 수조차 없는 열악한 상황에서 크는 수많은 아이들을 보았다. 어렸을 때 내가 자란 곳은 시장 골목이었다. 친구들의 아버지는 대부분 상점에서, 어머니는 재봉틀 공장에서 일했다. 그분들은 성실하고 착한 사람들이었지만, 하루를 마칠 때면 고된 노동에 지쳐 술을 마시느라 아이들의 교육에는 전혀 신경 쓸 수가 없었다. 그래서 주변의 많은 아이들이 방과 후 밤 9시까지 보육 센터에서 놀거나 비디오를 보았고, 주말에는 홀로 자전거를 타고 동네를 방황하기 일쑤였다.

경제적 자유가 없는 삶은 자신의 의지와는 상관없이 소중한 것을 포기할 수밖에 없게 만든다. 나는 이런 상황에서 벗어나 아이들에게 잠재력을 충분히 발휘할 수 있는 교육 환경을 꼭 제공해주고 싶었다.

④ 돈 때문에 건강을 잃고 싶지 않다

유명 여배우 앤젤리나 졸리는 2013년 《뉴욕타임스》에 '나의 의학적 선택'이라는 칼럼을 썼다. 그녀는 글을 통해 자신이 유전적으로 유방암을 일으키는 BRCA1 유전자를 가지고 있다고 밝혔다. 앤젤리나 졸리는 "의사는 내가 유방암에 걸릴 확률이 87퍼센트, 난소암에 걸릴 확률이 50퍼센트라고 추정했다. 위험성을 최소화하기 위해 양쪽 유방을 절제하기로 했다. 쉬운 결정은 아니었지만, 수술로 유방암 발병 가능성은 87퍼센트에서 5퍼센트로 감소했고, 아이들은 유방암으로 엄마를 잃을까 봐 두려워할 필요가 없어졌다"라고 말했다.

이처럼 우리에게는 건강한 삶을 선택할 권리와 의무가 있다. 그러나 나는 주변에서 돈이 없어 보험조차 들지 못하고 아파도 그저 참고 또 참고, 결국 몸이 매우 아픈데도 큰 병이 있지는 않을까 두려워 병원 근처에도 가지 못한 채 병을 키우는 사람들의 이야기를 수없이 들었다.

얼마 전 친구의 아버지는 폐암 말기 판정을 받고 불과 2개월 만에 갑자기 돌아가셨다. 그런데 장례식장을 나오면서 다른 친구와 함께 이야기하다 보니, 그 친구 아버님이 바쁘게 사시느라 건강검진을 한 번도 받지 않으셨다는 사실을 알게 되었다. 그 이야기를 듣고 너무 가슴이 아팠다. 경제적 여유, 시간적 여유가 있는 사람들은 늘 정기적으로 건강 상태를 점검하기 때문에 사전에 큰 병을 예방할 수 있다. 나 또한 '돈 때문에' 가장 소중한 건강을 잃고 가족을 힘들게 하는 일은 절대 만들고 싶지 않았다.

위에 열거한 네 가지 외에도 수많은 나만의 〈Why〉가 있었다. 〈Why〉가 생길 때마다 나는 그것을 추가해나갔다. 그렇게 만들어진 〈Why〉들은 당장의 욕구를 참아내는 '인내력'을 선물했고, '앞을 내다보는 힘'을 주었다. 자신만의 분명한 이유를 적어보는 것은 종잣돈 마련을 위한 가장 첫 번째 단계이다. 오늘 당장 자신만의 〈Why〉를 적어보자. 그러면 〈How〉는 자연스럽게 따라올 것이다.

자기계발에 대한 투자를 아까워하지 마라

흔히 돈을 모을 수 있는 방법으로 '절약과 저축'을 이야기한
다. 하지만 무조건 돈을 아끼기만 하면 반드시 한계에 봉착한
다. 따라서 절약 및 저축과 동시에 자신의 잠재적 가능성을 높
이기 위한 자기계발에도 반드시 투자해야 한다.

'오바마의 현인'이라 불리는 세계적인 투자가, 워런 버핏 또
한 세상에서 제일 좋은 투자 종목을 추천해달라는 질문에 "이
세상 최고의 투자 종목은 바로 자신입니다"라고 말한 바 있다.
자신이 가진 능력을 개발하며 몸값을 올리는 일이 당장은 급하
게 느껴지지 않을지도 모르지만, 결국에는 그것이 돈을 모을 수
있는 가장 빠른 길이 된다.

나 역시 처음 신입 사원으로 막 직장 생활을 시작했을 때는
초봉이 낮았다. 하지만 지속적으로 자기계발을 하여 몇 년 후에
는 연봉을 두 배 가까이 높일 수 있었다. 지금까지 명품 가방이
나 고가의 옷을 사본 적도 없고, 또 그렇게 하고 싶은 욕심도 없
지만, 나 자신의 능력을 키우거나 무언가를 배우는 데에는 돈을
아끼지 않았다. 항상 어학 능력, 부동산 지식, 글쓰기 등에 관심
을 두고 세미나, 강의 등에 참석하며 그에 관한 능력을 꾸준히
개발해왔다. 그리고 그 능력으로 돈을 만들 수 있는 방법을 찾

아내려 노력했다.

물론 "남편 뒷바라지에 아이까지 챙겨야 하는데 어떻게 그게 가능해?"라고 생각하는 독자도 있을 것이다. 솔직히 말해 나 역시 그렇게 생각했던 때가 있었다. 매달 기본 생활비, 남편 카드값, 아이 교육비, 부모님 용돈 등을 챙기고 나면 주부인 나의 능력을 개발하기 위해 돈을 쓴다는 건 사치인 듯 보였다. 심지어 그것이 과연 옳은 일인가 싶기까지 했다.

'남편 와이셔츠는 고급스러운 걸로 사고, 나는 그냥 몇 년 전에 샀던 블라우스를 드라이해서 입지, 뭐.'

'아이 태권도 학원비를 내야 하니까 나는 헬스장 러닝머신 대신 청계천이나 뛰어야겠다.'

'아이 전집은 중고로라도 사고, 나는 그냥 구청 도서관에서 빌려 읽어야지.'

이런 마음은 엄마로 사는 시간이 길어질수록 점점 강해진다. 외모를 가꾸고, 건강을 챙기고, 재능을 계발하는 일이 사치로 여겨지는 순간은 계속해서 찾아온다. 결국 이것저것 다 챙기고 나면, 정작 나를 위해 쓸 돈은 한 푼도 없다.

그런데 과연 엄마인 나에게 투자하는 것이 남편을 위해, 아이를 위해 포기해야만 하는 일일까? 나는 그렇게 생각하지 않는다. 끊임없이 자신에게 투자하고 자신의 재능을 돈으로 바꿀 수 있도록 자기계발을 할 때 엄마의 자존감이 높아지고, 그런 엄마가 아이도 행복하게 하기 때문이다. 나는 이 부분에 대해서 수없이 고민해왔기에 이에 관해서는 2부에서 자세히 다루고자 한다.

중간 목표를 이루면 과감히 보상한다

나의 경우 신혼 시절에 보증금 2000만 원에 월세로 시작해서 나중에는 4000만 원, 그 후에는 7000만 원으로 보증금을 높여가며 이사할 수 있었다. 만약 처음부터 '종잣돈 1억 원을 모으겠다'는 목표만 생각했다면 현실과의 괴리감에 좌절하며 결국 목표에 다가가지 못했을 것이다.

너무 큰 목표는 오히려 좌절감을 안겨주기 쉽다. 따라서 종잣돈을 모으고 싶다면 3년 내에 자신이 이룰 수 있는 목표 금액을 세우고, 이를 다시 3으로 나눠 1년 내에 이룰 수 있는 목표를 세우는 게 좋다. 그리고 이 1년 치 목표를 6개월, 3개월 목표로 계속해서 나눈다.

예를 들어 1억 원을 모으려면 1년에 3000만 원 정도를 모아야 한다. 또, 1년에 3000만 원을 모으려면 한 달에 250만 원을 모아야 한다. 한 달에 250만 원을 모으는 것이 혼자서는 어려울 수도 있지만, 신혼 초에 맞벌이를 한다면 그리 불가능한 일도 아니다.

나 또한 수입이 들어오면 250만 원을 남기고 나머지 금액에서 월세, 식비, 의복비 등을 배분했고, 허리띠를 졸라매며 저축을 해나갔다. 그러자 매년 어느 정도의 목돈이 모였고, 그 돈을 깨지 않으려면 월세라도 줄여야 했기에 이사를 했다.

처음에는 보증금 2000만 원에 빛 한 줄기도 들어오지 않는 빌라 투룸에서 시작했지만, 이후에는 보증금 4000만 원에 빛이 들어오는 빌라 투룸에 살게 되었다. 그다음에는 보증금 7000만 원에 소파가 들어가는 넓은 거실이 딸린 빌라 투룸으로 이사를 했다. 그리고 마침내 1억 원의 종잣돈을 만들 수 있었다. 이렇게 목표를 쪼개면 아무리 크고 어려워 보이는 큰 목표도, 이룰 수 있을 것 같은 '작은 목표'로 바뀌게 된다.

그런데 여기서 또 중요한 포인트가 있다. 중간 목표가 이루어졌을 때는 반드시 자신에게 과감히 보상해야 한다는 것이다. 보상이 꼭 거대할 필요는 없다. 자신이 간절히 원했던 것 하나를 화끈하게 안겨주면 된다. 자신이 원했던 물건을 구매할 수도 있고, 평소 가고 싶었던 여행지를 갈 수도 있다.

나와 남편의 경우에도 '여행'이 바로 그 보상이었다. 좀 더 넓은 세상을 보고 느끼는 것이 가장 간절했기 때문이다. 그렇기에 우리는 늘 이사를 하고 나면 여름휴가에 자유 여행을 떠났다. 그리고 그 여행은 돈을 모아서 경제적 자유를 이뤄야만 하는 이유를 온몸으로 기억하게 했다.

단지 '수고했다'는 말 한마디로 스스로를 칭찬하는 것만으로는 부족하다. 성취의 기쁨이 소중한 경험으로 기억될 수 있도록 스스로를 위해 애쓰는 '행동'이 반드시 따라야 한다. 아이를 키우는 엄마라면 누구나 알 것이다. 아이가 어떤 목표를 이루었을 때 그저 말로써 칭찬해주는 건 약효가 떨어진다. 아이가 성취감을 충분히 느낄 수 있도록 '칭찬 스티커'를 하나 더 붙여주고, 스티커를 다 모으면 원하는 선물을 사주는 등 눈에 보이는 '긍정적인 보상'은 강력한 동기 부여가 된다. 부디 아이뿐 아니라 엄마 스스로에게도 이런 눈에 보이는 긍정적인 보상을 아끼지 않기를 바란다.

생각해보면 신혼 3~5년은 종잣돈을 마련할 수 있는 최적의 시기이다. 그때는 아직 아이가 없어 개인적으로 활용할 수 있는 시간도 많고, 도우미 아주머니의 월급, 월세, 교육비로 나가는 고정 비용도 적은 편이다. 성실하게 맞벌이를 하면서 '자발적 궁핍'을 선택하며 지출을 대폭 줄이고, 파트타임 등을 통해 자신의 능력을 조금 더 개발하려고 노력한다면, 생각보다 더 빨리 목돈을 모을 수도 있다.

비록 신혼 3~5년 사이에 종잣돈을 마련하지 못하고 신혼을 훌쩍 넘겼다 할지라도, 아직 30대라면 절대로 좌절할 필요는 없다. 인생 전체를 놓고 본다면 20대는 이제 막 취직하여 초봉을 받는 시기이고, 30대는 수입이 지속적으로 오르는 시기이다. 아이 교육비에 대한 부담도 적은 편이고, 부모님에 대한 부양 의무나 은퇴 부담도 거의 없는 평온한 시기이다. 이 시기에 부부가 함께 삶의 목표를 세우고 지출을 통제하고 자기계발에 힘쓴다면, 돈은 그 어느 시기보다 빠르게 모을 수 있다. 아무래도 40대가 되면 교육비가 몇 배 이상 높아지고, 은퇴 부담이 생기며, 부모님 부양에 대한 부담과 의료비의 비중도 높아진다.

결국 30대는 인생 전체를 통틀어 '가장 돈 모으기에 적합한 시기'임에 분명하다. 이 시기에 뚜렷한 목표를 세우고 계획적으로 돈을 관리해나가는 부부는 돈을 기하급수적으로 모을 수 있으며, 그렇게 30대를 완성했을 때 40대, 50대가 되어서도 경제적 안정을 누리게 된다.

물론 당신이 지금 40대, 황혼을 넘보고 있다 해도 자신에게 맞는 방법은 반드시 있을 것이다. 무엇보다 가장 중요한 것은 내가 왜 돈을 모아야만 하는지에 대한 명확한 〈Why〉를 세우고, 그에 맞는 〈How〉를 찾아가는 일임을 잊지 말길 바란다.

나는 당신이 목표만을 바라보며 모든 것을 희생하고 참기보다는 목표를 향한 힘든 과정에서도 행복해질 수 있는 방법을 찾아 꿈에 한 발짝 더 다가가길 바란다.

당장 빚내서라도
투자해야 할까?

신혼 초부터 송파구 내에서 이 빌라, 저 빌라로 이사만 세 번 했던 나는, 석촌 호수를 끼고 높이 올라가고 있는 신축 아파트를 볼 때마다 그곳에서 새로운 삶을 시작할 사람들이 너무나 부러웠다. '서울에 이렇게 아파트가 많은데, 어째서 나는 저 중 한 칸에도 들어가지 못하는 걸까?'라는 생각에 서글퍼지기도 했다.

임신을 해 무거운 몸으로 빌라 3층을 오르락내리락할 때는 온통 아파트에 대한 생각으로 가득 찼다. 주말이면 남편을 끌고 잠실역 주변에 있는 아파트를 구경하러 다녔다. 하지만 나의 예산으로 선택할 수 있는 곳은 송파구가 아니라 다른 지역임을 깨닫는 데는 그리 오랜 시간이 걸리지 않았다. 또, 아이를 낳으면 친정 부모님의 도움이 필요했기에 친정 근처의 집을 알아보기 시작했다.

꼭 내가 원하는 집에서 살겠다는 일념으로 나만의 〈Why〉를 세우고 결국 종잣돈 1억 모으기에 성공한 나는 사실 임신 기간 내내 태교 책 대신 재테크 책만 읽었다. 수많은 책을 통해, 또 남편과 주말이면 아파트 구경을 다니면서, 결국 아파트 매수에서 중요한 것은 '대단지'와 '역세권'이라는 사실을 깨달았다.

그래서 나는 실거주를 목적으로 한다 해도 훗날에 얻게 될 시세차익을 위해 대단지를 찾는 데 주력했다. '나 홀로 아파트'나 '단지가 작은 아파트'는 처음부터 제외했다. 또한 교통이 편리한 역세권 중심으로 찾아다녔다. 역세권이라는 것은 전철역까지 걸어서 쉽게 접근이 가능한 지역을 일컫는데, 이런 지역은 부동산 가격도 점점 높아지고 주변에 상권도 형성되어 유동 인구도 늘어난다.

당시 열심히 읽었던 책은 『부자 아빠 가난한 아빠』, 『부동산 비타민』, 『세상 모든 왕비를 위한 재테크』 등이었다. 『부자 아빠 가난한 아빠』를 읽으면서 부자가 되기 위한 마인드를 정립했고, 『부동산 비타민』을 통해 부동산 투자에 대한 기본적인 지식을 쌓으며 부동산 칼럼을 꾸준히 읽는 습관을 기르게 되었다. 『세상 모든 왕비를 위한 재테크』를 통해서는 저자의 실전 사례를 보며 '머리로 익힌 것을 실행으로 옮기는 법'을 배울 수 있었다.

이렇게 책을 읽다 보니 소위 '역세권'도 세부적으로는 '단일·이중·환승 역세권' 등이 있음을 배웠다. 비록 내가 찾던 1000세대 이상의 대단지는 아니었지만, 이런 지식을 바탕으로 2호선, 5호선, 중앙선, 분당선 이렇게 여러 노선이 교차하는 왕십리역으로부터 도보 5분 거리에 위치한 아파트를 매수하게 되었다.

몇 년간 모아둔 돈에 담보 대출까지 합쳐, 5월 첫아이 출산 예정일 보름 전에 매수 계약을 했다. 조리원에서 나와 은은한 하늘색 벽지를 바른 깔끔한 아기방으로 들어가던 날, 나는 마치 세상을 모두 얻은 것 같은 기쁨을 느꼈다. 얼마 지나지 않아 가족과 함께 아기 백일잔치도 했고, 아파트 단지 내에서 또래 아기 엄마들도 만났고, 단지 내에 있는 요가 학원에 다니며 건강도 챙겼다. 이처럼 모든 것에 만족하며 행복한 나날을 보냈다.

하지만 안타깝게도 그런 기쁨은 오래가지 못했다. 곧 회사 복직일이 다가왔고, 아기를 돌봐주실 분을 알아봐야 했다. 아무리 아껴 써도, 도우미 이모님께 드리는 월급, 대출 이자, 관리비 등을 빼고 나면 남는 게 거의 없었다. 첫아이를 낳고 복직하자 모유 수유는 하기 힘들어졌고, 고급 분유를 먹여야겠다는 생각에 산양 분유를 주문하기 시작했다. 아기에게 기저귀 발진이 자주 생기자 당시 엄마들 사이에서 인기였던, 일본에서 직수입한 기저귀를 주문했다. 비록 신혼 때 세탁기는 중고로 7만 원을 주고 샀던 나였지만, 아기 카시트와 유모차는 몇 날 며칠을 고민하며 아기 안전을 위한다는 명목으로 최고급형을 주문했다.

엄마들만 모여 있는 온라인 카페에서 아기를 빨리 재울 수 있다고 소문난 흔들침대까지 주문하자, 나의 가계부는 서서히 기울어갔다. 친정 부모님이나 친구들은 아파트를 샀다는 말에 '우리가 여유가 좀 있나 보다'라고 생각했지만, 내 마음은 점점 무거워졌다. 아파트 한 채만 생기면 아무 걱정이 없을 것 같았던 나의 생각이 여지없이 흔들리기 시작했다. 그리고 둘째까지 계획하게 되자 미래는 더더욱 불투명해졌다.

'자산'과 '부채'를 정확히 구분하자

바로 그 시점에 주변을 다시 둘러보게 되었다. 그러자 그동안 부러워만 했던, 아파트를 가진 사람들이 완전히 다르게 보이기 시작했다. 아파트라는 허울에 담보 대출을 받고, 다달이 원금과 이자를 상환하며, 수십 년간 일을 그만두지 못한 채 살아가야 하는 사람들이 보였던 것이다.

실제로 주택 담보 대출을 뜻하는 영단어 '모기지(mortgage)'는 섬뜩한 어원을 갖고 있다. 이는 '죽음(mort)의 약속(gage)'이란 말에서 유래되었다고 한다. 즉, 죽을 때까지 채권자에게 삶을 저당 잡힌다는 의미쯤으로 해석할 수 있을 것이다. 처음부터 부유한 시댁에서 아파트를 해주셨거나, 결혼 전부터 대출 없이 아파트를 살 수 있을 만큼 경제력이 있던 사람이 아니라면, 대부분은 담보 대출을 낀 채 아파트에서 살고 있다. 하지만 이런 상황은 경제적 자유에 심각한 걸림돌이 된다.

부동산의 입지와 미래 가치만 따지면서 처음으로 아파트를 매수했을 때만 해도 나는 그 아파트가 소중한 '자산'이라고 생각했다. 하지만 따지고 보니 그 아파트는 나의 주머니에서 계속하여 돈을 빼 가는 '부채'와 같은 것이었다. 잘 알겠지만, 부자란 '자산을 많이 보유하고 있는 사람'이다. 자산은 내 주머니에 돈을 계속 넣어주지만, 부채는 주머니에서 돈을 계속 빼 가는 것이기 때문이다.

우리는 대부분 결혼하고 아이를 낳으면 대출을 받아 더 좋은 아파트를 얻고, 자동차를 산다. 아이가 자라면 더 큰 집으로 이사를 하면서 기존 대출을 상환하고 또다시 신규 대출을 받고,

더 큰 차로 바꾸면서 또 대출을 받는다. 아이의 학자금도 시간이 갈수록 불어난다. 학자금을 내야 하는 힘든 시기를 견디고 나면 자녀의 결혼 자금도 일부 마련해줘야 한다. 결국 평생 끊임없이 뛰어야만 일상이 간신히 유지되는, '다람쥐 쳇바퀴 돌리는 삶'을 살 수밖에 없다.

아파트를 사지 않아도 매한가지이다. 전세금 대출을 받아 역세권 아파트에 살며 전세 기간이 끝날 때쯤 그동안 모은 돈으로 전세금을 올려주고, 혹은 반전세로 전환해 전세 대출 이자에 월세까지 내는 사람들을 주변에서 흔히 볼 수 있다. 이 경우, 열심히 사는데도 계속해서 수입은 늘지 않고, 늘 제자리를 도는 듯한 삶을 살게 되면서 점점 부자의 길에서 멀어져 간다.

자산과 부채

자산

우리 가정에 지속적으로 수입을 가져다주고 최종적으로는 경제적인 자유를 안겨준다. 예를 들면 구입 후 월세를 놓아 임대 소득을 창출해내는 임대 주택, 저작권이나 로열티 수입, 배당 소득을 창출하는 주식 등이 이에 속한다.

부채

우리 가정에 지속적으로 적자를 안겨주고 최종적으로 나를 '돈의 노예'로 만든다. 예를 들면, 실거주하고 있는 비싼 집의 담보 대출 이자, 사치품을 사고 나서 지불한 신용 카드 대금, 과시하기 위해 산 수입차를 위해 내야 하는 할부금 등이 이에 속한다.

'시간이 곧 돈'이라는 말의 의미

나는 젊은 나이에 평수가 크고 번듯한 아파트에 욕심을 내며 그 집이 자산이라고 여기는 건 어리석다고 생각한다. 특히 당신이 엄마라면 아직 아기가 어릴 때 그 기회를 충분히 활용해야 한다. 즉, 집에 대한 욕심을 버리고 돈을 열심히 굴려야 한다.

실제로 나이가 들수록, 아이들이 커갈수록 재테크로 부를 축적하는 건 점점 힘들어진다. 왜냐하면 시간이라는 레버리지가 점점 줄어들기 때문이다. '투자를 위한 큰돈을 갑자기 버는 일'은 힘들지만, 일찍 투자를 시작해 '투자를 위한 시간을 버는 일'은 분명히 가능하다. 따라서 하루빨리 자산과 부채의 차이점을 깨달아 부채 대신 자산을 늘리고, 시간을 내 편으로 만들어 자산이 내가 원하는 수준이 될 때까지 기다려야 한다.

결국 오랜 고민 끝에 남편과 나는 애지중지하던 아파트를 깔끔하게 단장하여 높은 가격으로 전세를 놓고 허름한 빌라로 다시 들어가 진정한 자산을 모으기로 결심했다. 그렇게 부를 향한 나의 긴 여정이 시작되었다.

워킹맘 편: 퇴근 후 두 시간의 힘

직장을 다니면서 매월 안정적인 수입을 얻는다는 건 매우 고마운 일이다. 그렇지만 우리는 안정적인 수입을 위해 꽤 많은 것을 희생하며 살고 있다.

'어휴, 다음 달 카드 값만 내면 이 지겨운 직장 진짜 때려치우든가 해야지.'

'부잣집에 시집갔으면 이 고생 안 하고 사는 건데.'

과연 이런 생각을 한 번도 안 해본 워킹맘이 있을까? 나 역시 수없이 일을 그만두고 싶은 충동을 느꼈다. 아이를 가져 몸이 무겁고 피곤한데 아침 8시에 출근해서 저녁 늦게 퇴근해야 할 때, 밤새 아이가 뒤척여서 잠도 잘 못 잤는데 중요한 회의에 들어가야 할 때, 아이가 엄마랑 같이 집에 있겠다며 등원을 거부하고 울어댈 때, 아이가 방학에 뭐 할지 계획을 세웠는데 직장 때문에 동참해주지 못할 때……. 돌아보면 포기하고 싶은 순간이 수없이 많았다.

주변에도 아이가 한 명일 때는 꾸역꾸역 참고 회사에 다니다가 두 명이 되면 그만두는 엄마들이 많이 있었다. 나 역시 둘째를 낳고 그런 충동이 더 커졌지만, 그래도 일을 놓지 않았다. 그래서일까? 아무리 일이 힘들어도 여자에게 '일'은 포기해서는 안 되는 것이라 생각한다.

나는 결혼을 준비하거나 직장 생활과 육아를 병행하며 힘들어하는 후배들에게, 힘들어도 절대로 자신의 일을 놓지는 말라고 조언한다. '재테크를 얼마나 잘하는가'도 중요하지만 버는 돈이 없거나 기본적인 생계비보다 수입이 적다면, 모을 수 있는 돈도, 관리할 수 있는 돈도 턱없이 부족해지기 때문이다. 따라서 안정적인 수입을 벌 수 있는 일을 찾는 것, 또 그 일을 지속하는 것도 지금의 30대 엄마들에게는 매우 중요한 문제이다.

주변에서 결혼하고 나서도 직장 생활을 계속하는 여성들을 보며, 나는 이들을 '퇴근 후 두 시간을 어떻게 보내는가'에 따라 다음 세 그룹으로 나누게 되었다.

① 직장에서의 성공에 모든 것을 거는 워킹맘

첫 번째 그룹은 퇴근 후 두 시간 역시 직장 생활의 연속인 양 보내는 여성들이다. 그녀들은 주변 사람들에게 '슈퍼우먼' 또는 '워커홀릭'으로 불린다. 이들의 삶을 지배하는 단어는 '책임감'이다.

그녀들은 아무리 힘들어도 끝까지 직장 생활을 이어나간다. 일에 사활을 걸고 맡은 바 책임을 완수하고, 승진하여 더 많은 돈을 벌면 성공한 인생을 살 수 있을 거라고 생각한다. 아이들을 양가 부모님이나 도우미 아주머니에게 전담으로 맡기고 야근과 주말 근무를 감수하며 자신의 모든 삶을 직장에 바친다. 실제로 이들은 직장에서 고속으로 승진하기도 하고, 높은 연봉을 받기도 한다.

지인 중에 외국계 기업을 다니는 선배가 있다. 선배는 능력 있는 커리어 우먼, 근사한 아내, 살가운 며느리, 멋진 엄마로서 모든 면에서 완벽해 보였다. 직장 생활 15년째가 되던 해, 언니는 팀장으로 승진했다. 그런데 승진 후 얼마 안 되어 안타까운 소식을 듣게 되었다. 잉꼬부부의 표본처럼 보였던 언니 부부가 이혼한 것이다.

첩첩산중으로 늦은 퇴근 때문에 어렸을 때부터 학원과 과외를 돌리며 교육을 시켰던 아들이 '틱장애' 진단을 받아 치료가 불가피했고 배가 아파 들른 산부인과에서는 자궁에 혹이 있어 수술해야 한다는 소식을 듣게 되었다. 퇴근 후 두 시간을 모두 직장에 쏟아부었던 언니는 겉으로는 성공한 사람으로 보였지만, 결국 몸과 마음의 병을 얻게 되었다.

엄마가 되고 나면 '삶의 균형'이 매우 중요해진다. 혼자 산다면 밤을 새워서 일하고 직장에 남아 있어도 희생되는 가족이 없다. 그렇지만 엄마에게 직장이 전부가 된다면, 남편과 아이들은 그 빈자리를 느끼며 외로워진다. 희생되는 사람은 가족뿐이 아니다. 완벽해야 한다는 강박관념은 곧 스트레스로 이어지고, 본인의 건강 역시 악화된다.

② 자기계발에 힘쓰는 워킹맘

두 번째 그룹은 퇴근 이후의 두 시간을 자기계발에 쓴다. 그녀들의 삶을 지배하는 단어는 '미래'이다.

직장인 A씨의 꿈은 외국계 은행의 재무 담당자가 되는 것이다. 퇴근 후에는 유학을 준비하기 위해 MBA 대비 학원을 나니고 있다. 초등학교 교사인 B씨는 퇴근 후 음악 밴드 활동을 한다. 음악을 하면서 스트레스도 해소하고 자신이 좋아하는 일에 몰입하며 열정을 쏟는다. 직장 선배 J씨는 퇴근 후 살사 댄스를 배우며 살아 있다는 감정을 느낀다고 한다. 이들에게 퇴근 후 두 시간은 자신의 꿈을 이루어줄 소중한 시간이다. 이들은 언젠가 자신이 좋아하는 일만 하면서 사는 날이 오기를 꿈꾼다.

때때로 이들의 열정은 엄마가 되고 나서 새로운 도전 과제에 부딪히곤 한다. 퇴근 후 자신이 좋아하는 일을 하며 자아실현을 하려 하면 '이기적인 엄마'라는 꼬리표가 달리기 때문이다. 일과 육아를 병행하다 보면 몸과 마음이 지치고, 어느새 열정이 사라지기도 한다.

엄마가 되고 나서도 퇴근 후 두 시간을 온전히 자기계발에 쓴다는 건 정말 어려운 일이지만, 자신의 꿈과 미래를 위한 준비를 포기해서도 안 된다. 그렇기에 일주일에 하루 이틀만이라도 퇴근 후 두 시간을 자신의 꿈을 위해 준비하는 시간으로 쓸 수 있어야 한다.

③ 경제적 자유를 찾는 워킹맘

마지막으로 세 번째 그룹은 퇴근 후 두 시간을 '경제적 자유 시스템'을 마련하는 데 쓰는 여성들이다. 이들의 삶을 지배하는 단어는 '자유'이다.

그녀들은 떠나고 싶으면 사랑하는 아이들과 함께 훌쩍 여행을 가고, 직장을 그만두더라도 생계에 영향을 받지 않도록 '안정적인 수입'이 들어오는 시스템을 만들기 위해 노력한다.

지인 중에 간호사로 일하는 언니가 있다. 그 언니는 퇴근 후 두 시간 동안 부동산 투자 강의를 들었다. 강의를 듣고 혼자 열심히 공부한 언니는 작은 오피스텔을 구입했고, 매달 50만 원의 월세 소득을 얻게 되었다. 비록 큰 금액은 아니지만 이로써 언니는 야근 수당을 위해 일할 필요가 없게 되었다. 야간 근무를 하던 그 시간을 아이들을 위해 쓰거나 자신을 위해 쓸 수 있게 된 것이다.

엄마가 되고 나면 성공의 기준이 완전히 달라진다. 직장과 육아를 병행하는 경우 어느 한쪽만을 추구하면 바로 삶의 균형이 무너진다. 그러면 가족과의 관계뿐 아니라, 자신의 신체 흐름 또한 깨져버린다.

따라서 나는 최소 일주일에 한 번은 퇴근 후 두 시간을 자기계발에 쓰고 나머지 요일에는 작게 시작할 수 있는 자신만의 일을 준비하는 시간으로 채우길 권한다. 그렇게 해야만 나이가 들수록 더 많은 자유 시간을 누릴 수 있고, 결과적으로 더욱 행복한 엄마가 될 수 있기 때문이다.

전업주부 편: 오후 두 시간의 힘

친구 중에는 임신을 하자마자 입덧이 너무 심해서 직장을 그만둔 친구도 있고, 결혼하고 나서 남편이 직장을 그만두기를 원해 집에 있게 된 친구도 있다. 또는 일과 육아를 병행하는 것이 힘들어 회사를 그만둔 친구도 있다. 어느 순간 많은 직장 여성들은 그렇게 '전업주부'의 삶을 살게 된다.

육아의 어려움을 잘 이해하지 못하는 사람들은 집에 있는 전업주부의 고충을 잘 모른다. 심지어 편하게 집에만 있다고 생각해 부러워하는 사람들도 있다.

사실 자신의 일을 뒤로한 채 아이만을 바라보며 살아간다는 것은 '희생'을 전제로 한다. 물론 아이들이 엄마를 가장 필요로 하는 시기에 엄마가 집에 있는 것은 너무나 중요하다. 그러나 아이들을 위해 자신의 커리어를 포기하고 아이들의 교육을 위해 기러기 부부까지 자처하는 엄마들을 보면 참 대단하다는 생각이 들면서도, 한편으로는 안쓰러운 마음이 든다.

한번은 전업주부로 생활하는 친구를 우연히 만났는데, 나에게 하소연을 하기 시작했다.

"아침에 눈뜨면 아이들 아침 먹이고 학교 보내느라 실랑이를 벌이고, 겨우 학교를 보내고 나서 집 안 정리 좀 하면 벌써 점심

먹을 시간이야. 대충 먹고 설거지하고 조금 쉬다 보면 다시 저녁 준비할 시간이고, 그러다 보면 애들 하교할 시간이야. 내 시간도 없고 너무 힘들고 답답해."

나는 그녀의 입장이 너무나도 이해가 갔다. 워킹맘은 아침에 출근해서 잠시 커피 한잔하며 숨 돌릴 시간이라도 있지만, 전업주부는 늘 해야 할 집안일이 넘치고, 그 일들은 계속 반복될 뿐만 아니라, 일을 끝내도 티가 나지 않는다. 그런 중에 '내가 뒤처지고 있는 것은 아닌가' 하는 불안감까지 밀려온다.

주변에 전업주부로 지내는 지인들을 보며, 나는 앞서 워킹맘과 마찬가지로 이들 또한 세 그룹으로 나누게 되었다. 전업주부들은 아이들을 등교시킨 후 오후 두 시간을 어떻게 보내는가에 따라 다음 세 그룹으로 나뉜다.

① '엄마 역할'에 충실한 전업주부

첫 번째 그룹은 오후 두 시간에도 '좋은 엄마'의 모습에 머물러 있고자 한다. 그들은 언제나 깔끔한 집 안 상태를 유지하고 싶어 한다. 주로 아이들 먹거리를 만들고, 자녀 교육과 관련된 정보를 얻는 데 시간을 쓴다. 아이 성적이 곧 엄마로서의 성과를 보여준다고 믿으며, 내 아이를 누구보다 뛰어난 아이로 만들기 위해 다른 엄마들과 관계를 맺고 정보를 나눈다. 아이의 일

거수일투족을 SNS에 기록하고, 우리 아이의 성적이나 상장 등을 자랑하며 대리 만족을 느낀다.

② 자기계발에 힘쓰는 전업주부

두 번째 그룹은 오후 두 시간을 자기계발을 위해 쓰는 전업주부이다. 이들의 삶을 지배하는 단어는 '꿈'이다.

전업주부인 한 친구는 얼마 전부터 바리스타 자격증을 따기 위해 지역 문화센터의 강의를 듣기 시작했다. 평소에 커피에 관심이 많았던 친구는 언젠가 자신의 카페를 운영하는 꿈을 갖고 있다. 또 다른 전업주부 친구는 아침에 아이를 등원시키고 나면 바로 헬스장으로 달려간다. 처음에는 살을 빼기 위해 운동을 시작했지만, 점차 운동에 재미를 느끼게 되면서 트레이너 자격증에 도전하기 시작했다.

또 다른 친구는 얼마 전부터 '홈 코디'를 배우기 시작했다. 평생 교육원과 블로그를 통해서 강의를 듣고 재봉틀을 사서 아이들 치마도 만들고, 쿠션도 만들기 시작했다. 이렇게 자신이 좋아하는 일을 위해 오후 두 시간을 쓰는 경우 삶의 질을 높이고, 내면의 행복을 찾아갈 수 있다.

③ 경제적 자유를 찾는 전업주부

마지막 세 번째 그룹은 오후 두 시간을 '경제적 자유 시스템'을 마련하는 데 쓰는 여성들이다. 이들의 삶을 지배하는 단어는 '자유'이다. 그녀들은 남편이 직장을 잠시 쉬게 되거나 갑자기 직장을 그만두는 상황이 벌어지더라도 생계에 영향을 받지 않도록 '안정적인 수입이 계속해서 들어오는 시스템'을 구축한다.

지인 중에 산업 디자인을 전공한 친구가 있다. 이 친구는 디자인을 전공했지만 출산 후에는 육아에만 집중했다. 그러다 전공을 살려 아이들에게 미술을 가르쳐주기 시작했다. 처음에는 자기 아이를 가르칠 겸 해서 아이와 친한 친구들 몇 명을 더 불러 함께 가르쳤다. 하지만 엄마들 사이에서 입소문이 나면서 그룹 미술 과외를 하게 되었고, 점차 수입이 들어오기 시작했다.

놀라운 일은 여기에서 끝나지 않았다. 아이 때문에 본인이 강의를 할 수 없을 때는 다른 강사를 소개해주었는데, 이로써 '방문 미술 강의 네트워크'를 구축하게 되었다. 선생님을 연결해주고 소개비를 받는 일도 함께하자 수입은 점점 높아졌다.

물론 오후 두 시간을 어떻게 쓰느냐는 자신에게 달린 문제이고, 여기에 정답은 없다. 하지만 살림에만 몰두하다 보면 몸도 마음도 지쳐만 간다. 한 예로 친한 후배는 얼마 전 오전 내내

엄청난 시간과 노력을 들여 친환경 주방 세제인 '베이킹 소다'
를 이용해서 싱크대와 화장실을 깨끗하게 청소했지만, 가족 누
구도 알아봐 주지 않는다며 푸념을 했다. 이처럼 살림은 들이는
시간에 비해서 만족도도 낮을뿐더러 육체적으로 계속 지칠 수
밖에 없다.

자녀 교육에만 집중하는 것도 결코 삶의 만족도를 높이지는
못한다. 자녀 교육에 모든 것을 걸어 아이가 높은 성적을 받는
것이 과연 아이에게 얼마나 큰 행복을 줄 수 있을까? 자녀를 위
한 엘리트 코스 대신 아이의 적성이 무엇인지를 고민하고, 아이
에게 스스로 판단하고 생각할 수 있는 기회를 주는 게 더 지혜
롭지 않을까?

전업주부도 가끔은 살림과 자녀 교육에서 떨어져 자신만의
시간을 보낼 필요가 있다. 매일 빨래를 돌리지 않아도, 싱크대
위가 항상 깨끗하지 않아도 괜찮다. 그 시간에 자신이 원하는
일을 한다면 더 큰 행복을 찾을 수 있고, 그렇게 갈고닦은 능력
으로 자신만의 수입을 얻어 나 자신에게 다시 투자하는 선순환
을 만들어낼 수도 있다.

과거에 자신이 열정을 쏟았던 것이 무엇이었는지 다시 한번
생각해보자. 그리고 그것을 수입으로 연결시킬 수 있다면 엄마
의 자신감과 자존감은 점점 더 차오른다.

'오후 두 시간, 퇴근 후 두 시간을 어떻게 보내느냐'가 점차 짜증이 느는 엄마가 될지, 행복한 엄마가 될지를 결정한다. 이것이 바로 시간이라는 레버리지의 힘이다. 단, 시간이라는 레버리지를 활용할 때는 단숨에 너무 무리하기보다 매일 꾸준히 한두 시간을 투자해 재능을 키워가는 '습관'을 만드는 게 더 중요하다. 그리고 그것을 수입으로 연결시키는 방법을 모색하면 결국 자신에게 쏟았던 시간들이 돈이 된다. '시간이 곧 돈'이라는 말은 바로 이런 의미이다.

은행처럼 생각하고
행동하라

나는 지난 10년간 은행에서 근무했다. 그런데 오랜 기간 은행의 영업 방법을 살펴보며 나는 '과연 은행이 우리를 부자로 만들어줄까?'라는 질문을 하게 되었다. 물론 누구나 그렇듯이 직장 생활 초기에는 나 역시 많은 자산 관리 전문가들의 조언에 따라서 비과세 저축 계좌를 열었고, 약간이라도 금리가 높다는 CMA 계좌를 만들었고, 다수의 펀드에 분산투자를 했다. 은행에 특판 예금이 나올 때는 영업점에 내려가서 예금을 들기도 했고, 입사 1년이 지난 후부터는 연말 소득 공제 혜택이 있는 상품을 두고 고민하기도 했다. 당시 나는 자산 관리 전문가나 유명 재테크 사이트에서 알려주는 정보를 보고 이를 따라 하며 아끼고 저축하는 것이 최우선이라고 여겼다.

돌이켜보면 예금과 적금 위주로 관리했기에 원금 손실 없이 종잣돈을 모을 수 있었던 것도 사실이다. 그렇지만, 금리나 물가 상승을 고려하면 거의 이익이 없었다고 해도 과언이 아니다. 게다가 은행 계좌에 돈을 넣어두는 동안 기회비용도 발생했다. 특히 펀드의 경우 안전하다는 말에 가입했지만, 실제로는 가입 후 손실이 발생했고, 그 손실에 더해 수수료까지 빠져나가 실망감을 감출 수 없었다.

그럼에도 불구하고 여전히 많은 재무 설계사나 자산 관리 전문가들이 금융기관에서 만드는 상품에 투자하면 돈이 모일 수 있다고 강조한다. 예를 들어 월급은 CMA 통장으로 이체하고, 포트폴리오에 따라 수입의 일부분을 골고루 펀드와 비과세 저축이나 예금으로 나눠서 투자할 것을 권한다. 보통 예금을 통해 모은 돈을 정기 적금 통장으로 이체하고, 이를 정기 예금으로 옮기거나 안정성이 높은 채권에 투자하리고 조언하기도 한다.

특히 10억 원 이상의 금융 자산을 예치하는 VVIP 고객들에게, 주로 '은행'을 통해 자산을 관리할 것을 강조한다. 하지만 자세히 들여다보면, 이러한 VVIP 고객들은 이미 상당한 자산을 축적한 사람들이므로, 그들에게는 자산을 리스크 없이 안전하게 유지하는 것이 최우선순위라 할 수 있다. 또한 이들은 세무, 증여, 상속 등 모은 돈을 '관리'하는 데 큰 관심이 있기 때문에 대부분 은행의 PB(Private Banking) 서비스를 받고 있다.

결국 금융기관에 돈을 예치하는 것은 VVIP 고객에게는 최적의 수단일지도 모르지만, 이제 막 자산을 키우기 시작하여 한 푼이라도 더 모으려는 30대 직장인에게는 '느린 기차를 타고 경제적 자유를 향해 가는 과정'과도 같다. 그런데 그 기차의 종착지가 경제적 자유가 될 수 있을지도 전혀 알 길이 없다. 안타깝게도 나는 주위에서 단순히 예금과 적금만으로 부자가 되어 풍요롭게 살게 된 사람을 단 한 명도 본 적이 없기 때문이다.

위험을 무릅쓰고 항해하지 않는 배는 더 이상 배가 아니다

은행의 수익성을 나타내는 대표적인 지표 중 '예대 마진'이란 게 있다. 금융기관은 고객에게 돈을 빌려주는 대신 이자를 받고, 예금을 한 고객에게는 이자를 지급한다. '대출을 통해 받은 이자'에서 '예금에 지급한 이자'를 뺀 나머지 부분이 바로 예대 마진이다. 따라서 대출금리가 높고 예금금리가 낮을수록 예대 마진은 높아지고, 금융기관의 수입은 늘어난다.

은행의 대출에는 현금 대출, 카드 대출, 담보 대출 등이 포함된다. 은행이 예금 고객을 끌어모으기 위해서 특판 예금처럼 눈에 띄는 예금 상품을 내놓으면 사람들은 자발적으로 돈을 들고 뛰어와서 한도가 소진되기 전에 예금에 가입하고 돈을 몇 년간 묻어둔다. 은행은 이렇듯 여러 가지 마케팅 방법으로 예금을 모은다. 다양한 대출 상품을 선보이며 고객을 끌어들이고, 이를 통해 예대 마진을 실현한다.

하지만 은행은 단순히 수익을 높이려는 욕심만으로 상환 능력이 없는 사람에게까지 고금리의 대출을 해주지는 않는다. 대출을 실행하기 전에는 고객의 신용을 검토하고, 신용 평가를 시행하며, 담보 자산 가치까지 철저히 조사한 후 여신(금융기관에서 고객에게 돈을 빌려주는 일)을 실행한다. 또한 유동성 리스크, 영업 리스크, 신용 리스크 등 각종 리스크를 지표화하고 이에 철저하게 대비한다.

나는 평범한 엄마들의 투자 역시 은행의 투자와 같아야 한다고 생각한다. 즉, 투자를 하기 전에 과연 어느 정도의 리스크가 있는지 살펴보고 이를 감당할 수 있을지 철저히 판별해야 하며, 결단을 내려 투자를 할 때는 리스크를 과감하게 받아들이고 위기를 기회로 바꾸고자 하는 용기를 내야 한다.

그러나 주변을 둘러보면, 재정적으로 어떤 리스크도 지지 않으려는 사람들을 종종 접하게 된다. 이들은 어느 정도 돈이 생기면 예금에 넣어두고, 예금 만기가 되면 또 다른 안전한 상품에 넣어둔다. 또한 이런 사람들은 대개 부동산 폭락을 염려하여 절대로 집을 사지 않고, 아무리 비싸도 전세를 선호한다.

우리 부모님도 평생 집을 산 적이 없다. 부모님의 사업이 잘 되어 꽤 넉넉할 때조차도 전세로 살았다. 몇십 년 전 알아봤던 아파트의 분양가가 1억 2000만 원, 전세가가 8000만 원이었는데, 부모님은 담보 대출을 받아 집을 살 생각은 전혀 하지 않고, 결국 8000만 원을 내고 전세를 살았다.

이를 그 집주인 입장에서 한번 생각해보자. 결국 그때 집주인은 분양가와 전세가의 차익인 자기 돈 4000만 원을 갖고 새 아파트를 소유하게 된 셈이다. 그리고 10여 년이 지난 지금 그 아파트의 시세는 7억 원이다. 더 안타까운 건 그때보다 연세가 더 많아진 부모님께서 지금도 전세로 살고 계신다는 사실이다. 부모님은 전세금은 언제든 받을 수 있는 안전이 보장된 돈이고, 집을 사게 되는 순간 리스크는 커진다고 여기신다. 물론 집을 사는 순간부터 집값이 떨어질 수 있는 위험성이 있는 건 사실이다. 하지만 예상되는 리스크와 수익을 잘 분석하면 충분히 투자해볼 만한 영역이기도 하다.

2016년 겨울을 뜨겁게 달군 드라마 〈응답하라 1988〉을 보면 천재 바둑 소년 김택이 대회에서 상금 5000만 원을 받자, 이웃 가족들이 흥분해서 한마디씩 하는 장면이 나온다.

미란: 땅! 땅이 최고야. 택이 아빠, 무조건 땅 사세요. 요새 일산이 뜬대.

동일 아빠: 금리가 쪼까 떨어져가꼬 15퍼센트밖에 안 되지만, 이자 따박따박 나오니까 은행보다 안전한 곳은 없재.

선우 엄마: 아따! 생돈 5000만 원을 뭐한다꼬 은행에 처박아놓습니꼬. 택이 아빠! 아파트 하나 사이소. 강남서 가장 잘나가는, 그 뭐라 카더라? 아! 은마 아파트 그거 5000만 원 한다카대.

부모님의 시대에는 은행 금리가 17퍼센트까지 갈 정도로 높았다. 또한 국민 모두가 국가적인 가난에서 벗어나기 위해 목숨을 걸고 일하던 시기였다. 그 시절에는 열심히 앞만 보고 달리며 안 먹고 안 쓰면서 돈을 모아 은행에 안전하게 넣어두는 것이 최고의 재테크였다. 특히 우리네 엄마들은 남편의 그림자처럼 살며 가족의 뒷바라지에 일생을 바쳤다.

하지만, 지금은 어떠한가? 우리 세대에는 모든 것이 달라졌다. 이제는 금리가 제로에 가까워지고 있고, 2016년 1월 일본은 마이너스 금리를 선포하기도 했다. 이런 상황에서 돈을 예금에 넣어두는 건 이제 아무런 의미가 없다.

게다가 지금 우리 세대 엄마들은 더 이상 남편과 아이의 뒷바라지를 위해 살지 않는다. 가정에서의 엄마 역할도 달라졌다. 엄마들은 직접 일을 하여 돈에 친숙하고, 대부분 남편 대신 실질적인 경제권을 쥐고 있다. 그렇기에 이제는 엄마들도 새로운 패러다임에 맞추어 적극적으로 리스크를 안고 자산을 늘리는 전략을 펼칠 수 있어야 한다.

그럼에도 여전히 "도대체 내가 뭘 잘못한 거야! 그동안 앞만 보고 열심히 살았는데 왜 사는 건 점점 힘들어지는 거야!"라며 세상을 원망하고 절망하는 엄마들을 보게 된다. 계속 강조하지만 이런 생각 자체에 이미 오류가 있다. 안타깝게도 우리는 열심히 일한다는 것만으로는 충분하지 못한 사회에 살고 있기 때문이다. 따라서 적극적으로 세대의 변화를 읽고 그 변화에 올라타야만 시대의 흐름을 따라갈 수 있다.

이러한 시대에 꼭 가슴에 품어야 하는 명언이 있다.

항구에 정박해 있는 배는 안전하다. 그러나 배는 항구에 묶어 두려고 만든 것이 아니다.

어떤 사람은 평생 안정성만 추구해 은행을 예금 창구로 이용하며 스스로 은행의 레버리지가 된다. 반면, 어떤 사람은 리스크를 감안하고 대출을 받으며 신규 사업 혹은 임대 사업을 하면서 역으로 은행을 자신의 레버리지로 이용한다. 단순하게는 그저 '자산 관리 성향'을 보여주는 문제일 수도 있지만, 나는 이 성향이 결국 '삶의 태도'를 보여준다고 생각한다.

즉, 돈에 있어 안정성에만 초점을 맞춘다는 것은 결국 변화에 대한 두려움에 사로잡혀 있는 것과 같다. 사실 정박해 있는 배는 파도에 맞설 필요도 없고 표류할 걱정도 없다. 정말 안전하다. 하지만 그 배는 결코 아름다운 대양을 볼 수도 없고, 열망하는 목적지에 도달하지도 못한다.

나는 우리가 정박되어 있는 배가 아니라, 과감하게 대양을 향해 나아가는 배가 되어야 한다고 생각한다. 특히나 경제적 자유를 향한 여정에서는 결코 리스크를 회피하려 해서는 안 된다. 그러면 계속 똑같은 수준에 머무를 수밖에 없다. 이제부터는 두려움을 깨고 더 큰 세상이 있음을 믿으며, '은행의 고객'이 되기보다 '은행처럼 생각하고 행동하는 사람'이 되어보자.

잘 때도 수익을 내는 '아바타 소득'

'내가 왜 그랬을까? 그냥 다시 우리 아파트로 돌아가고 싶다.'

결혼 후 처음으로 장만했던 아파트를 전세로 주고 낡은 빌라로 이사 가기로 결정한 날, 나는 속으로 중얼거렸다. 다람쥐가 쳇바퀴 돌리는 듯한 생활에서 벗어나 '내가 번 돈이 나를 위해 일하는 시스템'을 만들기 위해서는 이 방법밖에 없다고 여기며 단호하게 결정을 내렸건만, 막상 이사 가는 날에는 발걸음이 잘 떨어지지 않았다.

직장을 다니며 갓난아기를 키우느라 정신없는 내 모습, 부동

76

산 투자라고는 실거주 목적의 아파트 한 채밖에 사본 적이 없는 내 입장을 생각하니 갑자기 걱정과 고민이 밀려왔다. 태어난 지 이제 막 100일도 안 되어 낮밤이 바뀐 둘째를 아기띠로 안고 간신히 재운 후 잠자리에 누우면, 또다시 걱정과 근심이 몰려와 뜬눈으로 밤을 지새워야 했고, 그러다 보면 어느새 새벽 동이 텄다. 그때마다 '내가 잘할 수 있을까? 이러다 우리 집으로 평생 다시 못 들어가는 건 아니겠지?'라는 생각으로 자신감이 바닥을 쳤다.

하지만 이렇게 약해질 때마다 내 손을 꼭 잡아준 남편이 있었기에 다시 일어설 수 있었다. 비록 재테크 경험도 없고, 젖먹이 아기를 키워야 하는 나였지만, 남편은 내가 나 자신을 믿는 것보다 더 나를 믿어주었다.

"당신은 정말 리서치 능력이 뛰어나. 그리고 한번 마음먹으면 누구보다 열심히 하잖아. 나는 전혀 걱정 안 해. 분명히 모든 게 잘될 거야. 아무 걱정하지 말고 우선 잠부터 푹 자는 게 어때?"

남편이 이렇게 말해주면 신기하게도 갑자기 힘이 났다.

"그래, 내가 리서치는 조금 하잖아. 게다가 엉덩이가 무거워 성실하기도 하지."

돌이켜보면 지쳐 있는 나를 일으켜 세워준 것은 나를 사랑하는 사람의 따뜻한 한마디였다. "너는 할 수 있어"라는 단순한 한마디에 깊은 사랑과 진심이 담겨 있을 때, 이 한마디는 사람을 움직이고, 강하게 만들기도 한다. 밤새 고민하느라 지쳐 있는 아침, 나는 남편의 한마디로 가슴이 따뜻해졌고, 할 수 있다는 용기를 가질 수 있었다. 그렇게 경제적 자유를 위한 시스템을 마련하기 위해 한 걸음씩 나아갔다.

'어떻게 해야 더 많은 돈을 벌 수 있을까?'

이런 고민을 해보지 않은 사람은 없을 것이다. 나 역시 처음 아파트를 샀을 때만 해도 온통 머릿속에는 돈을 더 많이 벌면 좋겠다는 생각으로 가득했다. 그렇지만, 내 아파트에 전세를 놓고 정작 나는 빌라 옥탑방으로 이사를 했을 때쯤, 그 질문은 다음과 같이 바뀌어 있었다.

'도대체 어떻게 하면 소득의 종류를 바꿀 수 있을까?'

뜬금없이 소득의 종류라니, 의아해할지도 모르겠다. 하지만 '소득 종류의 전환'이야말로 경제적 자유를 위한 핵심적인 전환점을 만들어준다.

소득을 어떻게 창출하느냐가 중요하다

'소득의 종류'란, 다시 말해 '돈의 종류'이다. 집에도 아파트, 빌라, 주택이 있고, 옷에도 원피스, 투피스, 바지가 있듯이 돈에도 종류가 있다. '더 많은 돈을 벌기 위해서'라는 명목으로 샛별을 보며 직장에 나가느라 아이의 얼굴도 잘 못 보고, 남편과 보내는 시간도 줄이며 끊임없이 쳇바퀴 돌리는 생활을 하던 나는 마침내 소득이라고 다 같은 소득이 아님을 깨달은 것이다.

맞벌이인 내 친구 부부는 하루 종일 직장에서 일하고 밤늦게 들어와 서로 얼굴을 볼 시간이 전혀 없다. 하지만 직장에서 한 달에 한 번 각종 세금을 제하고 받는 월급이 소득의 전부이기에 이에 목숨 걸고 의존하면서도 늘 불안에 떨고 있다.

반면, 아버지의 지인인 K아저씨는 젊은 시절에 공장을 운영하며 고생하셨지만, 지금은 빌딩 두 채를 보유하고 있다. 요즘은 아침 일찍 운동하고, 낮에 잠시 업무를 보고, 저녁에는 사랑하는 가족과 함께 충분한 시간을 보내신다. 주변을 잘 살펴보면, 자기 삶의 주도권을 쥐고 있으면서도 더 많은 수입을 안정적으로 얻고 있는 사람이 분명히 존재한다.

사랑하는 아이들, 남편, 부모님과 더 많은 시간을 보내고 싶은 것은 우리 모두의 소망이다. 그렇지만 대부분의 사람들이 현실에서는 가족들과 얼굴 볼 시간조차 거의 없을 만큼 바쁘게 살고 있다. 그렇다면 어떻게 해야 할까? 바로 소득의 종류를 구분하고, 소득의 종류를 변화시켜야 한다.

우리가 보통 알고 있는 소득은 내 친구 부부처럼 본인이 직접 나가서 일을 해야만 얻을 수 있는 '근로 소득'이다. 부모들은 자녀에게 "열심히 공부해서 좋은 대학에 가고, 좋은 직장에 취직해야 잘살 수 있어!"라고 말한다. 그런데 알다시피 직장에 다니는 월급쟁이들은 모두 근로 소득을 위해 일한다. 매달 소득이 들어오므로 안정적이긴 하지만, 근로 소득은 자신이 직장에 나가서 일하지 못하는 경우에는 받지 못하는 소득이다. 다시 말해 내가 일을 멈추면, 소득도 사라진다. 내가 쉬면, 소득도 쉰다.

반면 나와는 상관없이 살아 숨 쉬는 소득도 있다. 이는 내가 일하지 않아도 나를 대신해 부를 창출하는 소득으로, 나의 자본금, 지식, 시스템 등을 이용해 얻을 수 있다. 이러한 소득은 그 출처에 따라 세부적으로는 부동산 임대 소득, 배당 소득, 저작권 수입 등으로 나눌 수 있다.

소득의 종류를 바꿔야 한다

영화 〈아바타〉는 2009년 개봉해 지금까지도 세계 역대 흥행 1위를 지키고 있는 할리우드 블록버스터 SF 영화이다. '아바타'는 분신(分身)·화신(化身)을 뜻하는 말로, 사이버 공간에서 사용자의 역할을 대신하는 애니메이션 캐릭터를 일컫기도 한다. 나는 영화 속 주인공이 잠들어 있는 동안 그의 아바타가 그를 대신해서 활동하듯이, 내가 일하지 않아도 창출되는 소득을 '아바타 소득'이라고 부른다. 마치 나의 분신처럼 나를 대신해 일해주므로, 그동안 나는 여유를 누릴 수 있는 것이다.

아침 출근길 지하철역에서 나는 이 두 가지 종류의 소득을 직접 목격한다. 지하철역 내 작은 상점에 있는 '간단한 스낵을 파는 조그만 부스'에서는 늘 한 아저씨가 판매를 하고 계신다. 그 옆으로 조금 더 걸어가면 '커피와 간단한 스낵을 뽑을 수 있는 자판기'가 놓여 있다.

첫 번째 부스에서 나오는 소득이 바로 '근로 소득', 두 번째 자판기에서 발생하는 소득이 '아바타 소득'이다. 부스는 거기서 일하는 아저씨가 일하러 나오지 않으면 그날 소득이 없다. 반면, 자판기를 소유한 사람은 굳이 거기에 매일 나오지 않아도 자판기를 통해 꾸준한 소득을 올릴 수 있다. 물론 처음에 자판기를 임대하거나 구매하기 위한 투자금이 들었을 것이고, 중간중간 점검도 해야 할 것이다. 하지만 일정 시간이 지나 초기 투자금을 회수하고 손익 분기점을 지나면서부터는 꾸준한 이익이 창출된다.

주택 임대 사업자들의 소득도 마찬가지이다. 우리가 길을 가면서 보게 되는 상가나 건물들의 주인은 따로 있다. 하지만 우리는 대부분 그 주인의 얼굴을 알지도 못하고, 보지도 못한다.

대박이 났다는 식당에도 가보면 사장님이 나와서 열심히 일하고 있다. 그런데 그 상가의 주인은 어떠한가? 그곳에 나와 있지는 않지만 1년 365일 임대료 수익을 올리고 있다. 반면 몸이 아플 때도, 잠을 자고 있을 때도, 건물에 들어온 임차인들은 꼬박꼬박 월세를 내야 한다. 여기서 식당을 운영하는 사장이 얻는 소득은 근로 소득이고, 건물주가 얻고 있는 소득은 아바타 소득이다.

근로 소득은 내가 그 자리를 지켜야만 얻을 수 있기에 그에 따른 희생이 따른다. 그렇지만 그 근로 소득으로 종잣돈을 모아서 산 임대 주택과 상가에서는 아바타 소득이 나오고 있다. 아바타 소득은 내가 해외에서 휴가를 즐기고 있는 순간에도 내 통장에 입금된다. 따라서 근로 소득보다 아바타 소득의 비중이 높아져 안정적인 시스템이 구축될 때, 비로소 우리가 꿈꾸는 경제적 자유에 다가갈 수 있다.

직장의 안정성에 모든 것을 걸면서 현재를 희생하며 월급으로 생계를 이어가는 삶은 내가 몸이 아프거나 사정이 생겨 일을 못 하게 되는 순간 '불안정한 삶'이 된다. 따라서 늘 두렵고 불안할 수밖에 없다.

이러한 삶에서 벗어나 사랑하는 사람들과 더 많은 시간을 보내고, 하고 싶은 일을 하고 싶을 때 하고, 가고 싶은 곳을 가고 싶을 때 가는 자유를 누리고 싶지 않은가? 그러기 위해서는 하루라도 빨리 근로 소득을 스스로 살아 숨 쉬는 아바타 소득으로 바꿔야 한다.

아바타 소득을 창출하기 위해 내가 고심하여 선택했던 방법은 '부동산 임대 사업'이었다. 그리고 이미 많은 주부들이 자신만의 방식으로 아바타 소득을 벌어들이고 있다.

한 예로 주부인 K씨는 아이 백일 및 돌잔치 대여 업체를 창업한 여성 CEO이다. 그녀는 한 인터뷰에서 첫아이 돌잔치 준비를 하면서 잠시 쓸 소품을 구매하는 게 너무 아깝다는 생각이 들어 그런 소품을 대여하는 일을 하기로 결심했다고 한다.

그녀는 케이크, 촛대, 테이블 커버, 덕담카드 등 잔칫상을 꾸밀 수 있는 30여 가지 소품을 한 번에 간편히 대여하는 서비스를 제공하기 시작했다. 온라인 홈페이지를 통해서 주문을 받고 전용 업체를 통해 배송하자, 추가적인 수입이 발생했다. 이렇게 엄마로서 자신이 경험했던 불편을 통해 사업 아이디어를 얻고 아바타 소득을 창출하게 되었다.

서울에 거주하는 주부 L씨는 초등학생 아들의 영어 교육에 도움이 될까 싶어 2009년부터 집에 남는 방을 빌려주는 홈스테이를 시작했다. 지금은 홈스테이 경험을 살려 세계 최대의 숙박 공유 서비스인 에어비앤비 호스트로 활동하고 있다. 하루 숙박비는 4만 5000원으로, 장기 체류자에게는 한 달에 90만 원 정도를 받는다. 한 인터뷰에서 L씨는 어차피 남는 방을 활용하는 것이고, 전업주부로서 시간을 자유롭게 쓸 수 있는 데다 추가 수입까지 얻고 있어 만족스럽다고 말했다.

이처럼 아바타 소득은 비단 먼 나라, 태어날 때부터 금수저를 물고 태어난 사람들만 누릴 수 있는 것이 아니다. 평소에 자신이 불편하게 생각했던 것을 개선하는 방법만 고안해도 거기서 당신만의 아바타 소득이 창출될 수 있음을 기억하라. 당신만의 방법으로 근로 소득을 아바타 소득으로 전환하여, '하고 싶은 것을 원하는 시간에 원하는 장소에서 할 수 있는 경제적 자유'에 다가서길 진심으로 응원한다.

소득의 종류

근로 소득

내가 직접 근로 현장에서 움직이고 일해야만 창출되는 소득이다. 회사에서 근무하면서 받는 소득이 이에 속한다. 안정적이긴 하지만 공간·시간·물리적 자유가 없다.

아바타 소득

내가 직접 근로 현장에 나가 일하지 않아도 자동적으로 창출되는 살아 있는 소득이다. 임대 소득, 배당 소득, 저작권 수입 등이 이에 속한다. 이로써 공간·시간·물리적 자유를 누릴 수 있다.

연령대별 핵심 돈 관리법

연령에 따라 돈 관리 방법은 달라져야 한다. 사람마다 자산 규모와 재테크 성향에 차이가 있지만, 꼭 피해야 하는 원칙은 나이대별로 비슷하다. 성공적인 재테크를 위한 연령대별 핵심 돈 관리법을 알아보자.

20대, 차를 사지 마라

가장 먼저 20대에는 차를 사지 않는 게 최고의 재테크다. 어떤 후배는 취직하자마자 자신이 꿈꾸던 자동차를 할부로 사들였다. 하지만 자동차를 매수하고 나자 엄청난 경비가 나가기 시작했다. 매달 내야 하는 할부금, 보험료, 주유비, 그리고 주차비까지 차를 사기 전에는 미처 예상할 수 없었던 여러 비용이 발생했다. 결국 이 친구는 회사를 몇 년씩 다녔음에도 모은 돈이 거의 없다. 주말이면 자동차를 타고 여기저기 놀러 다니게 되었고, 지출은 더욱 늘어났다.

20대는 재테크를 할 때 자신의 몸값을 높이는 데 돈을 써야 한다. 나의 업무 능력 향상에 필요한 기술을 배우기 위해 돈을 써야 한다는 의미이다. 내가 아는 한 친구는 회사에서 필요한 능력을 계발하기 위해 퇴근 후에도 여러 가지 자기계발을 게을리하지 않았다. 차가 없어서 지하철을 타고 다녔지만, 몇 년이 지난 후에는 승진도 굉장히 빨리 하게 되었고, 마침내는 자신이 원하는 회사로 이직에 성공하여 몸값이 더 높아졌다.

20대라면 '나는 이 정도 쓸 수 있어' 하며 현재의 재정 능력을 다른 사람에게 과시하기보다는 자신의 미래 가치를 높이는 데 집중하자.

30대, 전세 살지 마라

다음으로 30대에는 전세를 살지 않는 게 좋다. 내 후배는 신혼살림을 전세로 시작했다. 그런데 당시 전세에서 조금만 더 돈을 보탰으면 매매해서 자기 집을 마련할 수도 있었다. 몇 년이 지나니 집값은 계속 올랐고 덩달아 전세금도 오르면서 전세에서 반전세가 되어 생활비가 더욱더 부담이 되기 시작했다.

어쩌면 나만의 힘으로 내 집을 마련하는 것이 어려울지도 모른다. 그럴 때는 레버리지라는 개념을 떠올려야 한다. 내 힘만으로 집을 매매하기는 힘들 수 있지만, 더 큰 힘을 빌려서 해낼 수 있는 것이 바로 레버리지다.

내 집을 마련하기 위한 레버리지에는 어떤 것들이 있을까? 집을 저렴하게 매수하는 방법이 없을지 물색하는 부동산 공부가 한 가지 방법이 될 수 있다. 두 번째로 담보대출도 하나의 지렛대 효과가 될 수 있다. 주거 안정을 위해 마련된 주택담보대출은 충분히 우리가 활용할 수 있는 레버리지다. 마지막으로 다양한 투자에 대한 지식도 우리가 끊임없이 개발하고 활용해야 할 레버리지다.

또 한 가지 명심해야 하는 것은 너무 좋은 집만 고수하지 말라는 것이다. 내 친구는 서울 중심에 7억 원 정도의 전세를 살고 있다. 그 친구를 볼 때마다 안타까운 마음이 들 때가 있다. 왜냐하면 조금 더 외곽이라면 그 정도의 돈으로 충분히 자기 집을 마련할 수 있기 때문이다.

자신이 활용할 수 있는 여러 지렛대를 찾고, 내 집을 구입하기 위한 노력을 30대부터 시작하면 좋겠다.

40대, 한 우물만 파지 마라

40대에는 절대 한 우물만 파서는 안 된다. 직장에 자신의 삶을 모두 쏟아부어서도 안 되고 부동산 혹은 주식 투자를 한다고 하더라도, 한 가지에만 매달려서는 안 된다는 뜻이다. 40대에는 무엇보다 다양한 포트폴리오로 균형 있게 준비하는 것이 중요하다.

투자 세계를 확장시키는 때가 바로 40대이다. 주식, 채권, 부동산 등 여러 부문에 관심을 두고 나에게 맞는 투자 상품은 어떤 것이 있을지 다양하게 공부하면 좋겠다. 30대에 나의 집을 마련하고 주거 안정을 위해서 노력했다면, 40대에는 어떻게 하면 여윳돈을 더 많이 굴릴 수 있을까, 조금 더 장기적인 관점에서 수익률을 안정적으로 유지하려면 무엇을 하면 좋을까 고민하며 금융상품에 대해서 공부하는 시간이 필요하다.

50대, 자식에게 얽매이지 마라

마지막으로 50대와 60대라면, 자식을 잊어야 한다. 50대까지 엄마는 자식들을 위해서 너무나 많은 희생을 한다. 그렇지만 50대와 60대에는 나의 노후를 준비해야 하는 가장 결정적인 시기이기도 하다. 그래서 지금부터는 자식을 생각하기보다 나의 노후를 준비해야 한다.

내가 아는 한 50대 부부가 있다. 그 집은 자식들이 모두 서울의 직장에 취직해서 그 집에 빈 방이 세 개가 있다. 한번은 그분들께 빈 방이 많으면 관리하기도 힘드니 평수를 줄이고 거기서 생긴 여윳돈으로 투자 공부를 하라고 제안을 드렸다. 그런데 그 어머님은 자식들이 1년에 한두 번씩 명절에 휴가 내고 왔을 때 잘 방이 없어지기 때문에 그럴 수 없다고 대답하셨다.

비슷한 사례의 또 다른 부부가 있다. 이분들은 아이들 교육을 위해서 학군이 좋고 비싼 지역에 집을 마련하셨다. 마찬가지로 아이들이 모두 취직을 했는데도 여전히 그 집에 그대로 살고 계신다. 그 이유를 여쭤보니, 이사하는 일이 너무나도 귀찮고 힘들다고 하셨다. 물론 새로운 곳으로 이사를 가거나 변화를 주는 것이 부담으로 느껴질 수 있다. 그렇지만 50대와 60대에는 조금 더 단호해지고 용감해져야 하는 때라고 생각한다.

50대와 60대는 앞으로 얼마나 더 오를 것인가보다는, 매달 나에게 꾸준한 소득이 들어오는 현금 흐름이 굉장히 중요한 시기이다. 앞으로의 노후를 위해서 어떠한 대비를 할 수 있을지 철저히 공부해야 된다.

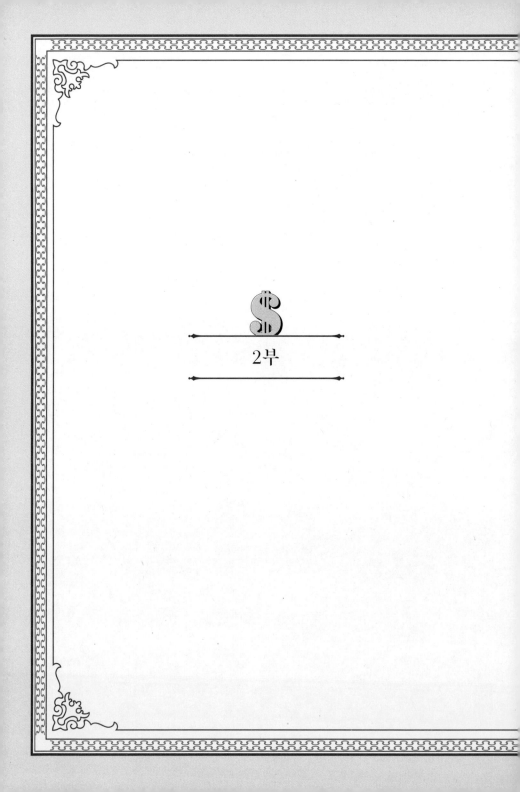

$

2부

엄마의 자존감을 지키는
5·3·2 시크릿 머니 법칙

"돈 공부는 결국 나를 찾기 위한 과정이다"

'배운다'를 다른 말로 표현하면 '공부한다'이다. 그렇다면 엄마인 우리에게 공부란 어떤 의미일까? 나는 인생의 과정을 다시 돌아보면서 공부의 의미를 되새겨 보았다.

어렸을 때 나에게 공부란 조용하고 내성적이었던 나를 당당하게 만들어줄 수 있는 도구와도 같았다. 나는 공부를 통해 선생님들께 칭찬을 받고 싶었고, 부모님을 기쁘게 해드리고 싶었고, 친구들에게 인정을 받고 싶었다. 이렇게 어릴 적 공부는 내게 '주변 사람들에게 칭찬받고, 인정받기 위한 도구'였다.

대학을 가고 나서는 상황이 조금 달라졌다. 수업 시간 외 여유 시간에 내가 원하는 공부를 할 수 있게 되었다. 대학교 전공은 수학이었지만, 영어 방송이나 프로그램을 좋아하게 되면서 영어 공부를 시작했다. 졸업 시즌이 다가오자 어떤 직업을 선택해야 하나 고민이 많았다. 당시에도 많은 사람들이 여자에게 최고의 직업은 교사라고 여겼기에 주변에는 수학 교사가 되려는 친구가 많았지만, 왠지 나에게는 교사 생활이 단조로울 것 같았다. 그래서 프리랜서 통역사가 되고자 했고, 그렇게 나는 '내 꿈을 이루기 위한 공부'를 시작했다.

고등학교 시절 내내 로맨스 소설을 좋아했고, 대학교 때도 소설 읽기를 좋아했기에 나도 사람들의 마음을 울리는 아름다운 글을 써보고 싶었다. 그래서 방학 때 정보를 찾다가 우연히 안국동에서 열린 신춘문예 당선을 위한 준비 과정 프로그램에 참여하게 되었다. 그곳에는 전업 작가로 생활하며 소설 쓰기에 완전히 몰입하는 사람들이 많았다. 단편 소설을 쓰는 것은 그들 삶의 일부분이었다.

처음에는 멋진 소설을 쓰고 싶다는 희망에 부풀어서 수강했지만, 단편 소설의 앞부분 몇 장을 쓰는 일도 나에게는 너무 버거워서 중도에 포기하고 말았다. 그때 소설을 쓴다는 것은 단순한 글쓰기가 아니라, 인간의 삶을 글에 녹여내는 예술임을 깨달았다.

이렇게 내가 원하는 공부를 찾아가기 시작하면서 대학 시절의 공부는 남에게 인정을 받거나 남을 의식해서 하는 것이 아닌, 내가 꿈꾸는 '미래를 준비하기 위한 도구'가 되었다.

취직하고 결혼을 하면서 나는 다시 한번 수많은 책을 집어 들게 되었다. 직장에 적응하기 위해 직장 생활 노하우에 관한 책을 읽기도 했고, 경제적 자유의 중요성을 깨달으면서 재테크에 관한 책을 읽기도 했다. 아이를 낳고 너무 힘들어서 초보 엄마의 미숙함을 채우기 위해 육아 방법에 관한 책을 읽기도 했다. 이때 공부란 나에게 '필요한 정보를 주는 도구'였다.

나를 진정으로 성장시키는 돈 공부

세월이 흐르면서 부를 이루고 아이를 잘 키우는 것이 기술로만 이뤄지는 게 아니라, 결국 나 자신의 성장이 바탕이 되어야 함을 깨달았다. 그때부터 '부'에 대한 책과 함께 '자아 성찰'에 대한 책을 읽기 시작했다. 단순한 재테크 방법을 익히는 것에 앞서 '부를 이루기 위한 마인드'부터 배우려 노력했고, 양육 방법을 익히는 것에 앞서 아이들을 인간 대 인간으로서 어떻게 대해야 하는지, 아이들의 삶에서 나의 역할이란 어떤 것인지에 대해 고민하기 시작했다. 이때부터 공부란 '나를 성장시키는 도구'가 되었다.

이때부터의 공부는 더 이상 타인의 시선을 의식해서 하는 것이 아니었고, 단순히 나의 목표를 이루기 위한 것도 아니었으며, 나에게 필요한 기술을 배우기 위한 공부도 아니었다. 지금부터의 공부는 내 안의 깊은 곳에 있는 나 자신을 발견하고, 나를 끊임없이 자라게 하기 위한 전 과정 그 자체였다. 공부는 이제 내 삶의 일부가 아닌 중심이 되었다.

그렇다면 우리는 왜 공부를 해야 할까? 자신에게 한번 물어보자. 어른이 되고 엄마가 된 우리에게 공부는 더 이상 어떤 기술을 알려주는 도구에 머물러서는 안 된다. 공부란 삶의 과정에서 나 자신을 끊임없이 성장시키기 위한 것이다.

그리고 학창 시절처럼 매일 학교에 나가는 게 아니기 때문에 공부를 하기 위해서는 스스로 시간과 돈을 투자해야만 한다. 어른이 된 우리 곁에는 더 이상 공부하라고 채근하는 사람도 없고, 성적으로 평가를 하는 사람도 없다. 이제는 스스로 공부거리를 찾고 선택해야 한다. 공부가 바로 우리 삶의 중심이 되어줄 거라 믿고, 공부를 통해 나 자신을 끊임없이 성장시켜야만 하는 것이다.

엄마인 우리는 자신을 위한 공부를 찾아내어 이에 집중해야 한다. 공부라는 것은 결국 나를 찾기 위한 과정이고, 삶이란 한 영역으로만 이뤄지지 않았으므로 돈 공부 또한 돈만을 공부한다고 완성되지 않는다.

엄마가 된다는 것은 어쩌면 자신과 아이를 위해 끊임없이 성장해야 하는 새로운 숙명을 부여받은 것과 같다. 따라서 엄마는 '나를 잃지 않기 위한 공부'와 함께 '시련을 이겨낼 수 있는 공부'를 해야 한다. 그리고 '내면을 성장시킬 수 있는 공부'도 필요하다. 그렇게 준비가 되었을 때 비로소 더 많은 돈을 모으게 되고, 벌어들인 돈도 지킬 수 있다. 결국 나의 성장을 위한 모든 공부가 돈으로 직결되기 때문에 그것이 곧 '돈 공부'가 된다.

06 나를 잃어버렸다고 생각할 때 돈 공부를 시작했다

어머니는 내가 초등학교를 다닐 때 가게를 시작하셨다. 새벽 1시쯤 가게 문을 닫고 집에 들어와 반찬을 만들고 집안일을 하다가 잠자리에 드셨다. 그리고 새벽에 일어나서 동생과 나의 도시락을 싸주셨다.

그때는 정말 몰랐다. 저녁 늦게까지 장사를 하고 와 늦은 밤 잠에 들고, 아침 일찍 일어나 두 아이를 깨워 따뜻한 밥에 계란 프라이를 싸서 보내는 게 얼마나 힘든 일인지. 매주 손빨래로 교복을 빨아 입히고, 더러워진 집 안을 하루 종일 쓸고 걸레질하며 가게 일과 집안일을 병행하는 게 얼마나 힘든지 전혀 알지 못했다. 동생과 나에게 힘든 내색 한번 안 하고 없는 살림에 고생하신 엄마의 정성과 사랑을 나는 당연하게만 여겼다.

시간이 흘러 마침내 나도 사랑하는 사람을 만나서 결혼을 했다. 그리고 한 아이의 엄마가 되었다. 그러면서 갑자기 '누구의 딸'에서 '누구의 엄마' 혹은 '누구의 아내'라는 이름으로 불리기 시작했다.

이제는 따뜻하게 준비되었던 아침밥이 나를 기다리지 않는다. 아이들 때문에 새벽까지 잠도 잘 못 자는 날이 부지기수이고, 직접 아이의 아침 식사도 준비하고, 어린이집까지 데려다줘야 한다. 누군가의 보호를 받는 존재가 아니라, 누군가를 책임지고 보살피는 존재가 되었다. 엄마가 되기 전까지 한 번도 나 외에 누군가를 위해 희생하며, 온전하게 보살피고, 이끌고, 책임지는 삶을 살아보지 못했던 나는 갑자기 혼란에 빠졌다.

한동안은 '다른 엄마들은 척척 다 잘해내는 것 같은데, 왜 유독 나만 엄마 노릇이 힘들까?'라는 자책에 빠져 헤어나오지 못했고, 답답한 마음에 우울증을 겪기도 했다.

그렇지만 과연 그런 감정을 나만 느끼는 것이었을까? 태어나면서부터 엄마로서 해야 할 역할과 아내로서 해야 할 역할을 모두 알고 태어나는 여자는 단 한 명도 없다. 결혼 전 약 25년에서 35년을 '엄마의 딸'로 살면서 엄마의 희생을 바탕으로 오로

지 나의 삶만 챙기면서 살아온 여자들은 어느 날 갑자기 엄마가 되고 아내가 된다. 그저 '내 꿈을 위해 내가 하고 싶은 일을 하면서 살고 싶다'는 단순하고도 강렬한 욕망은 아이를 낳고 육아, 가사, 일을 병행하면서 의무감, 책임감, 죄책감이 뒤섞인 혼돈 가운데 하염없이 무너진다.

겉으로는 아름답고 행복하게 보이는 우리 사회의 '엄마'라는 역할 이면에는 최소 20년 이상의 노력, 희생, 눈물, 사랑, 책임감이 숨어 있다. 어찌 보면 세상에서 가장 힘든 역할이다. 매 순간 내면이 흔들리고 깨지는 고통을 겪고 나서야 비로소 그 역할에 적응해나간다. 마치 단 한 번의 연습도 하지 못한 채 갑자기 올림픽 대회에 출전하게 된 수영 선수처럼, 따뜻한 아침밥과 용돈, 엄마라는 든든한 보호막 속에서 살아오던 여자는 어느 날 갑자기 '좋은 엄마가 되기 위한 경기'에 출전하게 되는 셈이다.

이 경기에 출전한 여자는 아내 노릇과 엄마 노릇을 하며 물에 빠져 죽지 않기 위해 허우적거린다. 그렇게 하루하루 발버둥 치다 보면 내가 어디 있는지, 나는 누구였는지, 내가 왜 허우적거리고 있는지 그 이유조차 잊게 된다.

돈, 내가 원하는 삶을 살기 위한 도구

그도 그럴 것이 무언가를 깊이 고민할 여유가 없다. 당장 울어대는 아이를 안아서 달래고, 젖을 먹이고, 분윳값과 기저귀 값을 걱정하고, 아이를 위해 조금 더 넓은 집을 마련해야 한다. 그리고 아이가 조금 더 크면 유치원에 보내야 하고, 남보다 많이 뒤처지지 않게 교육도 해야 한다. 아이가 성인이 되면 대학도 보내야 하고, 결혼 준비까지 뒷바라지해야 한다. 이렇게 끊임없이 주어지는 의무와 책임을 하나씩 해결하다 보면 어느새 '여자로서의 나'는 사라져간다. 그리고 어느 순간 '엄마로서의 나의 역할'이 그렇게 행복하지만은 않은 순간이 온다. 그렇게 많은 여자들은 혼란에 빠진다. 워킹맘은 워킹맘대로 내가 지금 잘하고 있는 건지 몰라 죄책감에 휩싸이고, 전업주부는 전업주부대로 남편 수입에 의존하여 살아가는 게 불안해지고 자신의 능력을 발휘하지 못하며 사는 것 같아 주눅 들게 된다. 결국 '나란 존재와 아이라는 존재가 내 삶에서 각각 얼마의 비중을 차지해야만 하는가'라는 질문을 던질 수밖에 없다.

그렇다면 이런 혼란 속에서도 나의 삶과 아이를 위한 삶의 균형을 맞출 방법은 없을까? 나는 그에 대한 답을 찾기 위해 우리의 삶을 구성하는 요소에 대해 생각해보았다. 우선 우리의 삶은

'시간'으로 이루어져 있다. 그리고 우리의 행동을 결정하는 기본 요소 중 하나가 바로 '돈'이다.

어느 날 아토피가 있는 아이를 키우는 지인 한 분이 밤새 피부를 긁어대는 아이 때문에 잠을 못 잔다고 하소연하며 "공기 좋고 한적한 곳에서 펜션을 운영하며 아이와 함께 살 수 있다면 소원이 없겠어요"라고 말씀하셨다. 결국 그런 삶을 살려면 아이와 함께할 '시간'이 필요하고, 떠날 수 있는 '돈'이 필요하다. 회사에서 내 옆자리 동료는 주말부부로, 2주에 한 번씩 간신히 보는 남편을 떠올리며 "남편과 주말부부로 살지 않고 연애할 때처럼 시간을 보내면 얼마나 좋을까?"라고 말했다. 결국 사랑하는 사람과 함께하지 못하고 떨어져 있게 된 것도 알고 보면 '시간'과 '돈' 때문인 가정이 많다.

자본주의 사회에서 자신이 원하는 삶을 실현하기 위한 과정의 첫 단계이자 가장 기본적인 요소가 '돈'이라는 사실은 부정할 수 없다. 돈이 없으면 하고 싶은 일을 할 수 없어 생계를 유지하는 데 급급한 삶을 살게 된다. 돈은 단순히 탐욕의 대상 혹은 소비를 위한 수단이 아니다. 돈은 결국 원하는 방향으로 인생을 살아가게 해주는 원동력이다.

결국 우리의 삶을 구성하는 가장 중요하고 기본적인 요소인 '시간'과 '돈'을 어떻게 현명하게 관리하느냐가 어떠한 인생을 살아갈지를 결정한다. 어디에 어떻게 시간과 돈을 쓰느냐가 현재의 삶에 대한 만족도뿐 아니라 미래의 모습도 결정한다. 나는 이 세상 모든 엄마들이 자신의 '시간'과 '돈'을 현명하게 관리함으로써 엄마로서의 삶과 동시에 스스로를 끊임없이 발전시켜 나가는 삶을 살 수 있기를 바란다.

행복과 성공을 키우는 5·3·2 법칙

그렇다면 30대 엄마가 삶의 균형을 유지하기 위해서는 어떤 예산 책정 원칙을 갖고 있어야 할까?

실제로 우리의 라이프 사이클에 맞추어 각기 다른 예산 책정 방법이 존재한다. 『경제비타민1』이라는 책을 보면 신혼부부를 위한 5:3:2 법칙이 나온다. 즉, 수입의 50퍼센트는 저축, 30퍼센트는 생활비, 20퍼센트는 자기계발비로 쓰는 것이다.

그 외 많은 재무 전문가들도 5:3:2의 원칙에 따라 한 달 소득 중 50퍼센트 이상은 저축이나 투자 상품에 넣고, 소비성 지출은 30퍼센트 이내로 줄이고, 20퍼센트는 자기계발을 위해 과감하게 쓸 것을 조언한다.

스타 강사 김미경 씨는 『꿈이 있는 아내는 늙지 않는다』에서 그녀의 지출 방법을 5:1:1:3 법칙으로 설명한다. 5는 미래를 준비하기 위한 비축, 1은 경쟁력에 대한 투자, 1은 에너지를 충전하는 보상, 3은 생활비로 나가는 지출을 말한다.

사실 '예외 없는 법칙은 없다'라는 말처럼 사람마다, 그리고 자신이 처한 상황에 따라 지출의 우선순위는 달라질 수 있다. 그러나 기본적으로 엄마가 되고 나서도 나를 잃지 않고 싶다면 돈을 쓰는 데에도 대략적인 비율을 정해두고, 그것을 일종의 인생 가이드라인으로서 따르는 게 좋다. 꼭 정확하게 그 비율을 맞추지 못한다고 해도 원칙을 따르려고 노력하다 보면 한쪽에 완전히 치우치지 않으면서도 삶의 큰 방향성을 잃지 않고 앞으로 나아갈 수 있다.

5:3:2 법칙은 신혼 초부터 나에게 인생의 큰 방향을 제시해주는 나침반과 같았다. 신혼 초에는 50퍼센트를 저축하기 위해 노력했고, 30대 초에는 20퍼센트의 자기계발 비용을 나에게 과감히 투자했다. 엄마가 되고 나서는 지출을 30퍼센트 내에서 해결하기 위해 짠순이가 되기도 했고, 30대 중후반에도 나를 잃지 않고 경제적으로 앞서 나가는 엄마가 되기 위해 20퍼센트의 자기계발비 비중을 유지했다. 이렇게 저명한 경제학자와 재무 전문가의 조언 및 나의 경험을 바탕으로, 수입의 50퍼센트는 저축하고, 30퍼센트는 생활비로 쓰고, 20퍼센트는 반드시 자기 자

신을 위해 쓰는 '5·3·2 시크릿 머니 법칙'을 정립하게 되었다.

5·3·2 시크릿 머니 법칙은 엄마가 돈의 쓰임에 대한 명확한 판단력과 통제력을 가짐으로써 돈을 인생의 여러 영역에 효과적으로 배분하고, 주도적으로 행복과 성공을 키워나갈 수 있는 토대를 마련해준다. 여기서 무엇보다 중요한 포인트는 '20퍼센트는 반드시 자기 자신을 위해 쓴다'는 부분이다. 수입의 일정 부분을 '나 자신'에게 투자함으로써 아내, 며느리, 엄마의 역할 속에서도 진정한 자신을 잃지 않을 수 있기 때문이다. 5·3·2 시크릿 머니 법칙은 이처럼 여자가 엄마가 되고도 행복하게 살 수 있는 토대를 마련해준다.

『내가 공부하는 이유』의 저자 사이토 다카시는 그의 저서에서 '호흡이 길어지는 공부'를 해야 한다고 했다. 즉각적으로 이익을 얻을 수 있는 공부나 손쉽게 스마트폰 검색 등을 통해 지식을 얻을 수 있는 공부 대신, 삶의 호흡을 길게 만들어주는 공부를 해야 한다는 것이다. '삶의 호흡이 길어지는 공부'라는 말은 나의 가슴을 울렸다.

부와 행복을 얻고 싶은 당신에게도 이렇게 호흡이 길어지는 '장기적인 공부'가 필요하다. 당신의 삶이 진정한 배움의 과정으로 새롭게 거듭나길 바라며 5·3·2 시크릿 머니 법칙에 관한 구체적인 공부 방법에 관해 이야기해보고자 한다.

07 결혼 3년 만에 원룸 빌라에서 아파트로 이사한 비결

5·3·2 법칙 1: 황금거위 통장을 만들어라

첫아이를 낳고 오랜만에 고등학교 때 친구들과 만났다. 다들 아이 낳고 사는 게 바빠 연락도 못 하다가 집들이 겸 우리 집에서 보게 된 것이다. 만나자마자 한참을 아이, 남편, 시댁 이야기로 수다 꽃을 피우다 마지막엔 전세 이야기로 넘어갔다.

"우리 집주인은 올해도 분명 전세금을 올려달라고 할 거야."

이미 전세금 때문에 서울에서 살다가 수원으로 이사한 친구는 "아! 이제 이사 갈 곳도 없어. 어쩔 수 없이 대출을 받아서라도 전세금을 올려줘야 한다니까"라며 울상을 짓는다. 그러자 다른 친구들도 동시에 "맞아, 맞아. 나도 그래. 나는 이러다가 지방으로 가야 할지도 몰라"하며 동조한다. 그때 한 친구가 "지영아! 너 이 아파트 전세 얼마 줬어?"라고 물었다. 내가 "아! 이거 전세 아니야. 그냥 대출 좀 받고 샀는데……."라며 기어들어가는 목소리로 말하자, 그 친구는 "그래도 나머지 목돈은 필요했을 거 아냐. 너 돈 많이 벌었나 보다!"라며 부러워했다.

신혼 초에 남편이 일하던 학원에서 선생님들에게 제공해주던 삼전동 먹자골목 원룸에 살았던 나를 아는 친구들은 갑자기 아파트를 산 내 비결이 궁금했던 모양이다. 다들 한목소리로 "어떻게 그렇게 갑자기 돈을 모은 거야?"라며 무슨 비법이라도 있는 건 아닌지 물어봤다. 그런데 정말 무슨 비법이 있었을까?

사실 특별한 비법은 없었다. 단지 수입의 50퍼센트 이상을 꼬박꼬박 저축했을 뿐이다. 신혼 초 남편과 나는 수입의 50퍼센트는 반드시 저축하자는 목표를 세웠다. 한마디로 둘 중 한 사람의 월급을 그대로 저금해야 했다.

당시 우리는 빌라에 살았기에 관리비가 없었다. 아기도 없어 양육비로 나가는 돈도 없었다. 지출이라면 월세, 식비, 용돈 정도였다. 워낙 방이 좁아서 가구를 살 필요도 없었고, 필요한 가전제품은 중고 매장에서 샀다. 당시 나는 신형 고급 세탁기를 사거나 양문형 냉장고를 사는 데는 전혀 관심이 없었다. 그 돈이면 차라리 여행을 가는 게 낫다고 생각했다. 게다가 고기보다는 채소를 주로 먹었고, 식재료는 동네 재래시장을 이용하여 저렴하게 샀기 때문에 식비도 그렇게 많이 들지 않았다. 자동차는 아예 없었다. 주중에는 회사를 다니며 일했고, 주말에는 과외 및 파트타임으로 일을 했다. 그러자 남편과 나의 월급으로 한 달에 250만 원 이상을 충분히 저축할 수 있었다. 그렇게 3년을 모아 아파트를 구입하게 되었다.

결론적으로 신혼 초에 미래를 위한 종잣돈을 모으려면 수입의 50퍼센트는 처음부터 자동 이체를 해놓고 더 이상 내 돈이 아니라고 생각해야 한다. 다 쓰고 남은 돈을 저축하겠다는 건 사실 저축을 하지 않겠다는 말과 똑같다.

어느 날 친한 후배에게 "너는 한 달에 얼마 정도 저축해?"라고 묻자, 이와 같은 대답이 돌아왔다. "그거야 대중없죠. 어느 달은 많이 할 때도 있는데, 마이너스 되는 달도 많아요. 마이너스 통장이 제 돈이죠, 뭐" 그러면서 월급날이 되면 돈이 잠시 들어왔다가 다음 날 신용카드 대금으로 모두 나가, 월급이 들어와도 잠시 통장에 머물다 사라진다며 푸념했다.

이처럼 계획한 비율만큼 저축하지 않으면 얼마를 벌든 돈이 쉽게 사라져버린다. 결국 '수입의 몇 퍼센트를 저축으로 확보하는가'에 따라서 종잣돈을 모으는 속도도 달라지고 미래도 달라진다.

신혼 초에 몇백만 원 하는 고가의 가전제품을 사고 비싼 가구를 들여 봤자, 몇 년이 지나면 유행이 바뀌고, 신형이 계속 쏟아진다. 게다가 일단 아기가 생기면 가구는 온통 흠집이 난다. 내 직장 동료는 어느 날 아이가 비싼 소파에 가위로 구멍을 냈다며 광분했다. 가죽 소파에 토를 하고 풀칠을 하는 건 아무것도 아닌 게 되는 날은 분명히 온다. 그러니 비싼 가구나 가전에 들이는 돈을 저축해 미래의 나를 위해 쓰는 게 훨씬 낫다.

얼마 전 우리는 새집으로 이사하면서 그동안 쓰던 목재 식탁을 하얀색 대리석 식탁으로 바꾸기로 했다. 남편과 나는 장한평 가구거리를 한참 동안 돌아다니다가 원래는 75만 원인데 자잘한 흠집이 있어 35만 원에 현금으로 가져갈 수 있는 하얀색 대리석 식탁을 발견했다. 어린 아들 둘이 있는 나는 더 이상 가구의 흠집에 연연하지 않는다. 어차피 새 상품이 와도 조만간 흠집이 나게 되어 있으니, 굳이 말하지 않으면 티도 안 나는 수준의 문제로 할인까지 받을 수 있다면 금상첨화였다. 그래서 남편과 나는 당장 현금으로 결제하고 식탁을 샀다. 이처럼 수입의 50퍼센트를 저축하기 위해서는 남의 시선을 의식하지 말고 자신의 상황에 맞는 합리적인 소비를 할 수 있어야 한다.

복리의 마법

∞∞∞∞∞∞∞∞∞∞∞

그렇다면 그렇게 모은 돈은 어떻게 굴려야 할까? 첫 단계는 너무나 잘 알고 있듯이 '저축'이다. 다만 은행에 저축할 때는 복리 상품으로 굴려야 한다. 다 알고 있겠지만 '단리'는 원금에만 이자가 붙는 방식이고, '복리'는 원금과 이자에 다시 이자가 붙는 방식이다. 일반적으로 적금에는 단리가 적용되고, 예금에는 복리가 적용된다. 아인슈타인도 복리를 두고 '가장 위대한 수학의 발견'이라고 말하지 않았던가.

나는 평소에 달콤한 카페라테를 자주 마신다. 요즘 직장인들은 점심시간에 식사를 하고 나면 커피까지 마시는 게 일상이다. 그런데 얼마 전 네티즌 사이에서 '카페라테 효과'라는 말이 빠르게 번졌다. 나는 그게 뭔지 궁금해 인터넷을 찾아보았다. 카페라테 효과란, 매일 커피 한 잔을 사지 않고 약 4000원을 절약하면 한 달에 12만 원을 저축할 수 있고, 이렇게 30년간 매일 저축해나간다면 약 2억 원가량의 목돈을 만들 수 있다는 것을 의미했다.

처음에는 이해가 잘 안 갔다. 30년으로 계산해보면, '12만 원×12개월×30년=4320만 원'이 되기 때문이다. 그런데 어째서 2억 원을 저축할 수 있다는 걸까? 바로 복리의 개념을 적용했기 때문이다. 기사를 자세히 읽어보니, 1년간 모은 146만 원을 연간 복리 수익 6퍼센트 투자 상품에 투자하는 경우(물가 상승률 3퍼센트까지 감안할 시) 30년이면 2억 원이 된다. 나는 이 사실을 알게 된 이후로 내가 매일 마시고 있던 카페라테를 다시 보게 되었다.

어쩌면 당신은 중고 가전이나 전시 상품 등을 운운하며 월급의 50퍼센트를 저축하라는 이야기에 '나는 저렇게는 못 살아. 그렇게 푼돈에 연연하면서 살고 싶지는 않아'라고 고개를 절레절레 흔들지도 모른다. 아니면 돈을 많이 모은 사람들을 보면서 그들만의 특별한 비법이 따로 있을 거라고 생각할지도 모른다.

하지만 돈을 성공적으로 모은 사람들을 보면 누구나 그런 첫 과정을 거쳤다는 것을 알 수 있다. 그러니 당신도 예외일 수는 없다. 돈에 휘둘리고 싶지 않다면 수입이 얼마이든 간에 반드시 50퍼센트 이상을 저축으로 할당하고, 남은 자산으로 재정 계획을 세워야 한다.

오늘 쓰는 돈 1000원을 우습게 여긴다면 당신은 결코 부자가 될 수 없다. 돈의 복리 효과를 감안하면 단 한 잔의 카페라테를 마시면서도 많은 생각을 하게 될 것이다. 저축이란 흔해빠진 고리타분한 재테크가 아니다. 이것이야말로 경제적 자유를 향한 첫걸음이다.

당신만의 '황금거위 통장'을 개설하라

사실 저축은 상당히 재미없고 지루한 과정이다. 그래서 나는 저축을 게임처럼 흥미롭게 즐기면서 할 수 있는 방법이 없을까 고심했다.

그렇게 해서 나는 통장에 각각의 이름을 부여했다. 만약 당신도 경제적 자유를 꼭 이루고 싶다면 오늘 당장 자신만의 비과세 '황금거위 통장'을 만들 것을 권한다. 주거래 월급 통장에 월급이 들어오면 매달 특정일(1일 또는 월급날)에 50퍼센트를 무조건 자동 이체하여 황금거위 통장으로 옮기는 것이다. 그 돈은 마치 황금거위가 매일 황금알을 낳아주듯 복리의 마법을 보여주고, 당신이 필요할 때 쓸 수 있는 종잣돈이 되어줄 것이다.

황금거위 통장에 넣는 돈은 '내가 나에게 주는 월급'이라고 생각하면 된다. 아예 이체명을 '내가 나에게 주는 급여'라고 쓰면 더 좋다. 실제로 주위를 둘러보면 월급이 적은 사람이나 많은 사람이나 항상 "저축할 돈이 어디 있어?"라며 푸념한다. 50퍼센트를 떼놓고 남은 돈으로 생활하는 것이 처음에는 힘들지 모르지만, 이 또한 하다 보면 점차 익숙해지는 날이 온다.

황금거위 통장의 장점에는 여러 가지가 있다. 복리 효과는 말할 것도 없고, 계획적인 소비를 시작할 수 있다. 그렇게 실제로 예산 내에서 돈을 쓰는 데 성공하면 돈 관리에 대한 자신감도 얻게 된다. 그러면 다음 달에도 소득의 50퍼센트 내에서 생활하기 위해 계획을 세우게 되며, 저절로 예산을 짜는 습관을 들일 수 있다. 또한 차곡차곡 쌓이는 돈을 보며 목표한 돈이 모이는 순간을 상상하고 꿈을 꿀 수 있게 된다.

만약 중간에 보너스가 생기면 반드시 이 황금거위 통장에 넣어두자. 예상하지 않았던 반가운 수입이 들어와도 백화점을 가는 대신 반드시 이 통장에 즉각적으로 넣어두어야만 시간이 갈수록 더 많은 황금알이 생겨난다.

하지만 이 황금거위 통장을 쓰는 데 무슨 일이 있어도 반드시 지켜야 하는 법칙이 있다. '황금알을 낳는 거위'에 관한 우화에 대해서는 잘 알고 있을 것이다. 어느 날 한 농부가 우연히 자신의 거위가 낳은 황금알을 발견하였고, 그는 하루아침에 부자가 되었다. 그런데 점차 매일 한 개의 알만 낳는 거위가 답답해진 그는 '더 많은 황금알이 배 속에 있지 않을까?' 기대하며 거위의 배를 가르고 말았다. 그렇게 황금알을 낳던 착한 거위는 사라져버렸다.

하지만 이는 우화 속 얘기만이 아니다. 어느 날 '지름신'이 와서 황금거위 통장을 깨라고 부추기고, 투자금을 단시간 내에 두 배로 만들어주겠다는 달콤한 말에 흔들려 황금거위 통장에서 돈을 빼는 날이 온다면, 그날이 바로 거위의 배를 가르는 날이 될 것이다. 따라서 일정 금액이 되기 전에는 조금 답답하더라도 절대 통장을 깨서는 안 된다.

여기서 말하는 일정 금액은 사람마다 다를 수 있지만 나는 7000만 원에서 1억 원 정도를 기준으로 해야 한다고 생각한다. 주변을 보면 힘들게 1000만 원을 모은 후 바로 이 돈을 빼서 주식 투자를 하거나 어딘가에 쓸 궁리를 하는 경우가 많다. 그런데 그렇게 해서 더 많은 돈을 얻은 사람은 거의 본 적이 없다.

그러니 황금거위 통장에 일정 금액이 모일 때까지 저축하는 습관을 반드시 유지하자. 황금거위 통장은 복리의 마법을 보여주며, 고스란히 당신이 꿈꾸는 미래를 열어줄 종잣돈이 되어줄 것이다.

내 감정, 내 마음에 숨어 있는
부의 시크릿

〜 5·3·2 법칙 2: 감정에 휘둘리는 소비는 철저히 통제하라

곤히 잠든 아이를 깨워서 아침을 먹이고 서둘러 집을 나선다. 엄마와 떨어지기 싫어 울어대는 아이를 겨우겨우 선생님 손에 맡기고 어린이집을 돌아서는 두 눈에는 눈물이 글썽글썽 맺힌다. 아직 하루 일과를 시작도 안 했는데 벌써 온몸이 녹초가 된다.

회사에 들어가기 전 브랜드 커피점에서 톨 사이즈 카페라테를 산다. 커피를 들고 사무실에 들어가면서도 '아이는 무엇을 하고 있을까?'라는 생각으로 가득하다. 아이의 얼굴이 계속해서 떠오른다.

어느덧 힘든 일주일이 지나고 주말이 온다. 함께 마트에 간 아이는 장난감을 사달라고 조른다. 평소 많은 시간을 보내지도 못하는데, 갖고 싶다는 것도 못 사주는 엄마가 되고 싶지는 않다. '미안하니까'라는 생각과 함께 5만 원이 넘는 장난감을 안겨준다. 마음이 한결 나아진다.

성적이 자꾸만 떨어지는 큰아들. 집에서 간식도 잘 챙겨주지 못하고, 다른 엄마들 틈에 껴서 정보도 제대로 얻어 오지 못하는 내 책임인 것만 같다. 미안한 마음에 '고액 과외를 시켜보면 좀 나아질까?'란 생각으로 조용히 과외 선생님을 물색해보고, '집중력을 높여주는 한약이라도 지어줄까?' 싶어 한의원에 전화도 해본다.

이는 내가 아는 한 워킹맘의 이야기이다. 당신의 주변에서도 흔히 볼 수 있는, 혹은 당신 자신의 이야기일 수도 있다. 그녀는 그렇게 월급의 반 이상을 사교육비로 쓰고 있다.

나의 친한 후배는 출근하자마자 부장에게 실컷 깨지자 "오늘 시간 되니? 내가 쏠게. 다 나와!"라는 말과 함께 친구들과 저녁 약속을 잡았다. 스트레스를 풀기 위해서 맵고 짠 자극적인 음식으로 배를 채우고, 2차로 호프집에 가서 거하게 마셨다. 스트레스가 많았던 오늘, 이렇게 먹고 쓰고 나니 한결 기분이 나아진다. '사는 게 다 그렇지, 뭐!'라는 생각으로 스스로를 위안한다.

우리의 소비 습관을 자세히 들여다보면 한 가지 공통점을 찾을 수 있다. 바로 소비의 상당 부분이 '감정'과 연관되어 있다는 것이다. 미안해서 돈을 쓰고, 속상해서 돈을 쓴다. 또, 스트레스가 쌓여서 돈을 쓰고, 기뻐서 돈을 쓰는 식이다.

흔히 사람들은 부자가 되기 위해서는 지출을 '줄여야' 한다고 말한다. 하지만 나는 이런 연유로 지출을 '통제해야' 한다고 강조하고 싶다. 이때 지출을 통제한다는 것은 '감정을 조절한다'는 말과도 같다. 결국 지출을 잘 통제하고 있다면 자신의 감정에 대한 통제권을 쥐고 있다는 뜻이다.

앞서 복리 부분에서 설명한 '카페라테 효과'를 실천하기 힘든 이유는 과연 무엇일까? 실제로 커피를 마시지 않으면 정말 큰일이 나는 사람은 없다. 그러나 그 심리를 파고들면 자신에 대한 보상 심리나 남의 시선을 의식하는 마음이 자리 잡고 있다. '내가 이렇게 고생하는데 아침부터 커피 믹스를 타서 마셔야겠어?'라고 생각하는 것이다.

나는 지출을 줄이기 위해서 무엇을 사지 말아야 한다거나 하지 말아야 한다는 말은 하고 싶지 않다. 왜냐하면 그것만으로는 소비를 줄일 수 없음을 잘 알고 있기 때문이다.

그렇다면 어떻게 소비를 통제할 수 있을까? 나는 소비 통제에는 다음과 같은 세 단계가 있다고 생각한다.

소비 통제의 3단계

① 고정 지출, 변동 지출, 계절성 지출 구분

지난 3개월간의 카드 지출과 이체 내역을 출력하여 고정 지출, 변동 지출, 계절성 지출 이렇게 세 개의 카테고리로 구분해 본다.

- 고정 지출: 주택대출 상환 원리금, 자동차 대출 상환 원리금, 월세, 수도 요금, 가스 요금, 전기 요금, 아파트 관리비, 의료보험, 실비보험 등 보험료, 교육비 등
- 변동 지출: 식비, 외식비, 휴대폰비, 의복비 등
- 계절성 지출: 자동차세, 재산세, 명절 부모님 용돈 등 매년 1~2회 정도 발생하는 지출

② 고정 지출 줄이기

고정 지출 내역을 검토하고 줄일 수 있는 방법을 모색한다. 고정비를 줄이기 위해서는 삶에 큰 변화를 줘야 하는 경우가 많으므로 좀 더 현명하게 생각해야 한다. 결혼을 했다면 무엇보다 배우자와 함께 고정비를 줄일 수 있는 방법을 모색해야 한다. 결코 쉽지는 않지만, 장기적으로 그 효과는 매우 크다.

예를 들어 월세를 낮출 수 있는 방법이 있는지, 교육비를 줄

일 수 있는 방법이 있는지 살펴본다. 아파트에서 높은 월세를 내며 살고 있다면 신축 빌라로 이사를 가는 방법을 고려해볼 수도 있다. 이로써 월세도 줄이고 관리비도 줄일 수 있기 때문이다. 또한 지금 자녀가 다니는 학원은 반드시 필요한 건지, 그 대안은 없는지 등을 냉정하면서도 합리적으로 생각해본다.

③ 변동 지출 줄이기

변동 지출 내역을 검토하고 줄일 수 있는 방법을 모색한다. 이 부분은 고정비를 줄이는 일보다 훨씬 쉽고 간단하다. 우선 변동 지출, 즉 식비, 여가비, 의복비 내역을 보면서 종이에 그때의 '숨겨진 감정'을 적어보자.

예를 들어 어느 날 조금 과한 외식비가 있었다면 외식을 했던 이유에 대해 솔직하게 적어본다. '귀찮아서, 아이들이 원해서, 분위기를 내고 싶어서, 기분이 울적해서' 등 실제로 꼭 해야 할 필요가 없지만 감정에 따라 외식을 하는 바람에 결국 그 금액이 엄청나게 쌓였다는 사실을 발견하게 될 것이다. 옷을 샀을 때의 감정도 적어보자. 기분이 울적해서, 입을 옷이 없어서, 지나가다가 예뻐 보여서, 세일을 한다고 해서 등 당시의 소비가 분명히 충동적인 감정과 연관되어 있음을 발견하게 된다.

물론 이런 변동 지출 중에 꼭 필요한 것이 있을 수도 있다. 건강을 위한 지출이나 미래를 위한 투자는 필요하다. 건강을 유지하기 위해 헬스클럽 회원권을 끊었거나, 자기계발을 위해 필요한 책을 구입했거나 세미나에 참석했다면 이는 낭비라 보기 어렵다. 또한 외모도 경쟁력의 하나이므로 꼭 필요한 옷을 샀다면 이 역시 필요한 지출에 포함시킬 수 있다. 즉, 그것이 그저 감정에 대한 보상 차원의 소비인지, 정말 내 삶에 필요한 소비인지 차분히 따져보면 진정으로 필요한 소비가 무엇인지 구분할 수 있다.

이렇게 세 단계를 거쳐 변동 지출에서 합리적인 소비였다고 판단되는 부분의 비용을 계산했다면, 그만큼의 금액을 다음 달부터 체크카드에 연결된 통장에 넣어둔다. 나는 이 통장에 '다이아몬드 통장'이라는 이름을 붙였다.

이렇게 부르는 이유는 원석과 같은 당신을 다이아몬드로 바꿔줄 통장이기 때문이다. 일회성으로 스트레스를 해소하기 위한 충동 소비가 아닌, 나의 미래를 위한 합리적인 소비는 결과적으로 우리를 다이아몬드로 만들어준다.

다시 말하자면, 지출을 줄이기 위해 무조건 궁핍하게 살아갈 것이 아니라 더 넓은 관점에서 고정 비용을 줄일 수 있는 삶의 방식이 무엇인지를 모색해봐야 한다. 그리고 변동 비용 중 감정이나 충동적인 기분에 관련된 비용을 과감하게 줄이려는 노력이 필요하다. 자신의 소비를 현명하게 통제하는 사람은 곧 자신의 삶도 통제할 수 있음을 명심하자.

09

먼저 나를 사랑할 줄 알아야
내 가족도 행복해진다

5·3·2 법칙 3: '엄마'가 아닌, '나'를 사랑할 용기

 "엄마! 이번 주 일요일에 민성이 생일 파티 할까?"

아이 생일을 앞두고 친정 엄마에게 전화를 했더니 "아니, 나 이번 주에 무박으로 동해 여행 가기로 했어. 토요일 밤에 떠나거든. 다음 주 토요일 낮에 식당에서 간단하게 치르자"라고 말씀하신다.

언젠가부터 우리 집 가족 행사는 모두 토요일로 정해졌다. 가족의 생일 파티도 같은 달 또는 두 달 정도는 몰아서 하기 일쑤이다. 처음에는 서운한 마음에 "아니, 손주 생일 파티인데 꼭 그날 가셔야 해?"라며 한마디씩 했다. 하지만 엄마가 카카오스토

리에 올리는, 여행지에서 활짝 웃고 찍은 사진을 보며 점차 생각이 바뀌었다.

정초에는 동해로 무박 여행을 가서서 해돋이 동영상도 찍어 보내고, 지인분들과 패키지 여행으로 독도에 가서 군인들과 찍은 사진을 보내신 적도 있다. 그런 엄마의 모습을 보면서, 나는 그동안 내가 엄마에게 잘못해왔다는 것을 깨달았다.

점점 엄마의 행복이 우리에게도 큰 행복으로 다가오던 어느 날, 친구에게 엄마 사진을 보여주자, "와! 너희 엄마 정말 젊어 보이신다! 멋지셔!"라고 했다. 나 역시 어깨가 으쓱해졌다. 동시에 '엄마에게도 그동안 당신만의 시간과 여행이 필요했는데, 정작 나는 오랜 시간 그 사실을 모르는 체하고 있지는 않았나?' 하는 생각이 들었다.

'나'를 사랑하는 마음이 필요하다

대부분 엄마들은 늘 자기 자신보다 가족을 우선시한다. 당장 우리 옆집 아주머니가 그렇다. 엘리베이터에서 우연히 만나 "안녕하세요? 가을이라 날씨가 너무 좋은데 여행도 많이 가시겠네요!"라고 인사를 드렸다. 그러자 아주머니께서는 "여행은 무슨, 우리 남편은 내가 밥을 안 차려놓으면 아예 먹지를 않아. 우리 아들도 냉장고에서 꺼내 먹지도 않고 라면만 먹는다니까. 잠깐 나갔다가도 끼니때면 들어와야 해"라고 하셨다. 가족 때문에 여행은 꿈도 못 꾸고, 밖에 나갔다가도 점심시간이면 꼭 집으로 돌아가 은퇴한 남편과 취업 준비생 아들의 밥을 해주신다는 것이다.

아주머니와 대화를 나누고 나서 이런 생각이 들었다. '과연 집에서 따뜻한 밥을 해주신다고 남편과 아들이 진심으로 고마워할까? 가족 식사 때문에 아주머니가 여행도 못 가고 친구도 못 만난다는 사실을 알고는 있을까?'

그러던 어느 날 옆집 아주머니가 갑상선암으로 수술을 하셨다는 소식을 듣게 되었다. 그동안 희생만 하며 살아오신 그분을 떠올리니 너무나 마음이 아팠다.

이상하게도 아내가 되고 엄마가 되면 삶의 기준이 달라진다. 돈을 벌어도 그 돈을 자신에게 먼저 쓰지 못한다. 대부분의 시간을 가족에 대한 걱정과 고민에 쓰느라 정작 자신에게는 관심을 쏟지 못한다. 요즘 나의 건강은 어떠한지, 나는 무슨 생각을 하고 있는지, 내 가슴이 진정으로 원하는 것은 무엇인지 알려고 하지도 않는다. 그저 돈 벌고, 아이 키우고, 남편 뒷바라지하느라 하루하루 끌려가듯 살면서도 내심 나는 좋은 엄마이자 좋은 아내이며 잘 살고 있다고 여긴다.

어느 날 친하게 지내는 언니를 만났다. 그 언니는 20대에 사내에서 만난 남편과 결혼한 뒤 둘째 아이를 낳으면서 육아를 위해 회사를 그만두었다. 언니의 남편은 대기업에 다니고 있고 최근에는 승진도 했다. 이 부부는 1년에 한 번씩 해외로 휴가도 떠나고, 아이들은 공부도 잘한다. 그런데 뜻밖에도 언니는 나에게 이렇게 말했다.

"아이들도 건강하게 잘 크고, 남편도 직장 잘 다니고 있고, 시댁하고 문제가 있는 것도 아니야. 그런데 이상하게 요즘 정말 외롭고 마음이 공허한 거 있지. 다른 사람들한테 이런 얘기하면 '복에 겨워 그런다'고 할까 봐 입에서 꺼내지도 못하겠어. 그저께는 아이들 학교 보내고 낮에 집에 있는데 거실에 햇살이 환하게 비추더라. 그런데 갑자기 눈물이 나는 거야. 저녁엔 남편이 회식하고 와서 피곤하다며 등을 돌리고 누웠는데 밤새 잠이 하나도 오지 않는 거 있지. 결국 뜬눈으로 밤을 새웠어. 내 마음이 왜 이럴까? 나 너무 이상한 것 같아……."

그런데 과연 그런 감정이 이상한 걸까? 아직도 우리 사회는 여성의 삶을 제대로 바라봐주지 않는다. 남편과 아내가 둘 다 대기업에 다니더라도, 아이를 돌봐야 할 사람이 필요하면 여자가 먼저 직장을 그만두는 게 당연한 일로 여겨진다. 전업주부가 취미를 살려서 무언가를 배우러 다니려고 하면, 일찍 퇴근해서 아이들을 돌봐주겠다고 하는 남편보다는 집안일 잘해놓고 다닐 자신 있으면 다니라고 하는 남편이 더 많다. 남자들이 가끔 머리를 식히겠다고 혼자 몇 박 며칠로 여행을 가면 그사이에 아내가 아이들을 돌보지만, 아내가 머리 좀 식히겠다고 여행을 가겠다고 하면 절대 안 된다고 하는 남자들도 있다.

더 심각한 것은 여성 자신이다. 여자들은 어느새 스스로 그런 삶이 당연하다고 여긴다. '내가 나만 행복하겠다고 꼭 그렇게 해야겠어?'라는 생각으로 자신의 꿈도 욕망도 모두 누그러뜨린다. 사회적으로 만연해진 관념에 수긍하며 자신을 위해 무언가를 하려 하다가도 곧 죄책감을 느낀다. 아이들보다, 남편보다 자신을 위해 더 많은 시간을 쓰고 싶어 하는 마음이 올라오면 '나쁜 엄마 콤플렉스'에 시달린다. 그러다가 40대 후반에서 50대가 될 때쯤 조금씩 안정을 찾기 시작하면 문득 자신의 인생에 '자기 자신'이 없어져 버렸다는 사실을 발견하게 된다.

수입의 50퍼센트는 저축하고, 30퍼센트는 생활비로 쓰고, 20퍼센트는 나를 위해 쓰는 '5 · 3 · 2 시크릿 머니 법칙'의 핵심은 시간과 돈을 나를 위해 쓸 수 있어야 한다는 것이다. 엄마인 내가 나에게 더 많은 관심을 기울이고 나 자신을 돌볼 수 있을 때, 나와 내 가족 또한 더욱 행복해진다. 나를 사랑하지 못하는 사람은 남을 사랑할 수 없기 때문이다.

꼭 이기적인 사람이 되어야 한다는 뜻은 아니다. 남들은 이기적인 엄마라고 손가락질한다 해도, 나 자신을 사랑하고 스스로를 성장시키고자 하는 '이기적일 수 있는 용기'를 가질 필요가 있다는 뜻이다. 따라서 반드시 수입의 20퍼센트는 본인을 위해 적립할 것을 권한다.

엄마의 돈 공부가 단순히 돈을 많이 버는 방법을 고민하는 것은 아니다. 더 큰 집으로 이사를 가고, 더 비싼 차를 타고, 내 아이가 명문대를 가고, 남편이 승진하는 것. 이것이 삶의 목표가 될 때 과연 진정한 행복을 느낄 수 있을까? 나 자신을 삶의 중심에 두고 나만의 세계를 굳건히 만들어갈 때 스스로 더욱 당당해지고 행복해질 수 있다.

따라서 '엄마의 돈 공부'는 시간과 돈의 일부를 반드시 나를 위해 씀으로써 자신의 몸과 마음의 건강을 지키기 위해 노력하고, 스스로를 성장시키기 위해 끊임없이 배우고, 시간을 내어 혼자만의 여행을 떠나 나만의 시간을 가질 수 있을 때 빛을 발한다.

이제 당신만의
기준을 세워라

그리스 신화에 나오는 코린트의 왕, 시시포스는 제우스를 속인 죄로 지옥에 떨어져 가혹한 벌을 받는다. 하루 종일 커다란 바위를 낑낑대며 언덕 위에 겨우 올려놓으면 하룻밤 사이에 그 커다란 바위는 아래로 다시 굴러떨어진다. 그리고 그다음 날 아침이 되면 그는 또다시 무거운 바위를 밀어 올리고, 또 바위는 아래로 떨어진다. 이 일이 영원히 반복된다.

그런데 생각해보면 우리 인간의 삶도 시시포스가 바위를 언덕 위로 옮기는 것과 별반 다를 바 없어 보인다. 20대에는 치열하게 노력해서 취직하고 결혼 자금을 마련하기 위해 바위를 밀어 올린다. 30대에는 직장에서 자리를 잡고 육아와 직장을 병행하며 삶의 의무와 책임에 이끌려 바위를 밀어 올린다. 40대가 되면 아이들의 대학 학자금과 결혼 자금을 위해 또 바위를 밀어 올린다. 50대가 되면 은퇴 준비에 대한 두려움으로 또다시 바위를 밀어 올린다.

그런데 우리의 삶에서 밀어 올려야 하는 바위는 점점 더 무거워지고, 체력은 떨어진다. 시간이 가면 갈수록 그 바위가 점점 무겁게 느껴져 주저앉고 싶지만, 잠시 쉬면 올리던 바위에 떠밀려 내려갈까 봐 쉬지도 못한다. 그렇다면 도대체 언제까지 이일을 계속해야 하는 걸까?

나는 '부만 추구하는 삶'은 시시포스의 삶과 같이 고통으로 얼룩질 수 있다는 점을 꼭 짚고 넘어가고 싶다. 돈이 인생의 전부가 되면 처음에 꿈꾸던 1억 원이 수중에 생겨도 기쁨은 아주 잠시일 뿐이다. 이내 2억 원이 갖고 싶어져 더 열심히 바위를 올리게 된다. 마침내 2억 원이 생겨도 이내 3억 원이 갖고 싶어 더 큰 바위를 밀어 올리는 자신을 발견하게 될 것이다.

이처럼 '부'는 우리로 하여금 끊임없이 일하도록 부추기고, 끊임없이 욕망하도록 만든다. 그렇게 눈에 보이는 부만 좇다 보면 결국 그 바위에 눌리거나 그 자리에 주저앉는 결말로 끝나게 되어 있다.

원하는 부를 얻은 후도 중요하다

경제적 자유를 이루기 위한 마지막 단계로 나는 꼭 이 한 가지를 강조하고 싶었다. 부를 추구할 때 반드시 '상한선을 세워 놓아야 한다'는 사실이다.

경제적 자립은 우리의 인생에서 필히 이루어야 하는 사안이다. 그렇지만 어느 정도의 경제적인 능력을 마련한 이후에는 자신에게 '진정한 경제적 자유'를 줄 수 있어야 한다. 즉, 단지 살아남기 위해서 또는 더 많은 돈을 벌기 위해서 하는 일이 아닌 자신의 가슴을 뛰게 하는 일을 찾아 나설 수 있는 용기를 가져야만 한다. 그리고 그때 비로소 '진정한 경제적 자유'를 누릴 수 있게 된다. 그런 의미에서 노벨 문학상을 수상한 작가 하인리히 뵐의 단편 속 이야기를 소개하고 싶다.

조그만 항구에 살고 있는 한 어부는 어느 날 고기잡이배에서 낮잠을 자고 있다가 우연히 지나가는 미국의 부자 사업가에게 "왜 고기를 더 잡으러 나가지 않느냐?"는 질문을 받는다. 그러자 어부는 하루에 단 한 차례만 출어를 하고, 남은 시간에는 사색을 하거나 따사로운 햇살을 즐기고 아내와 아이들과 함께 보낸다고 이야기한다.

그러자 미국의 부자 사업가는 "두세 번 출어를 하면 더 많은 고기를 잡아 어선도 늘리고, 생선 공장도 마련할 수 있지 않겠습니까?" 하며 어부의 게으름을 나무랐다. 그리고 이어서 "돈을 많이 벌면 멋진 바다를 보며 낮잠을 즐기며 행복한 여생을 보낼 수 있을 것입니다"라고 덧붙였다.

그러자 어부는 이렇게 대꾸하며 피식 웃었다.

"지금 내가 벌써 그렇게 하고 있잖소."

어부가 가족의 생계나 자신의 경제적 자립을 위해 낚시도 하지 않고 낮잠만 잔다면 이는 분명 잘못된 일이다. 어부는 사랑하는 가족과 자신을 위해 낚시하는 법을 배워야 하고, 실제로 낚시를 하러 나가야만 한다. 이것은 바로 부를 이루기 위한 지식을 쌓고 행동하는 첫 단계라고 할 수 있다.

나는 경제적 자유에 대한 책을 쓰면서 이 부분을 간과하고 싶지 않았다. 낚시를 하기 위해서는 낚시 도구를 살 수 있는 '종잣돈'도 모아야 하고, 어디로 가야 고기를 빨리 많이 잡을 수 있는지 '정보를 검색하는 능력'도 키워야 하고, 낚시하는 기술과 고기가 잡히지 않아도 끝까지 기다릴 수 있는 '인내심'도 길러야 한다.

그러나 자신과 가족에게 필요한 만큼 고기를 잡았다면 그다음에는 삶을 즐길 수 있는 마음의 여유를 가져야만 한다. 그런데 여기에는 큰 용기가 필요하다. 왜냐하면 사회는 끊임없이 당신에게 더 많은 것을 추구해야 한다고 부추기기 때문이다.

나는 이야기 속 어부야말로 '진정한 경제적 자유'를 누리고 있다고 생각한다. 진정한 경제적 자유는 다른 사람들의 잣대로 정해지지 않는다. 오로지 당신만이 정할 수 있다.

다른 누구도 아닌, 나만을 위한 기준

당신만의 기준에 부합하는 삶을 살기 위해서는 다른 사람의 눈치를 보지 말고 자신을 있는 그대로 사랑할 수 있어야 한다. 이는 결코 쉬운 일이 아니다. 꾸준히 운동을 하여 근력을 키우듯, 건강한 마음에도 습관이 필요하다. 나를 그 어떤 상황에서도 사랑해준다는 것은 그저 한 번의 결심으로 되는 것이 아니라, 일생을 살아가는 동안 계속해서 노력해야 하는 일이다.

나 또한 두 아이의 엄마가 되고, 나와 가족의 미래를 위해 경제적 자립 능력을 키워야겠다고 다짐하고 난 후에도 자존감이 낮아지는 일이 반복되었다. 돌이켜보면 아무리 좋은 성과가 나도 아직은 나 자신의 역량이 매우 부족하다고 생각하며 나를 더 채근하고 몰아붙였던 것이 가장 큰 이유가 아니었을까 싶다. 내가 이룬 것을 보려고 하기보다 내가 이루지 못한 것에 더 초점을 두었다. 한번 실수하면 그것을 계속해서 되새기고 나 자신을 편안하게 놓아주지 못했다.

그렇지만 어느 순간, 이렇게 해서는 결코 앞으로 나아가지 못하리라는 생각이 들었다. 그래서 나는 그 누구보다 나를 아끼고 사랑해주기로 결심했다. 내가 나를 사랑하고 믿어줘야 행동으로 옮길 용기를 얻게 되고, 행동할 때 비로소 결과가 나타나기 때문이다.

나는 큰 부자도 아니고 재벌도 아니다. 하지만 이제는 내가 꿈꾸었던 목표를 어느 정도는 이루었다고 생각한다. 앞서 말했듯 현재 나는 서울과 경기도 주택 및 상가 등 총 50억 원 상당의 자산을 보유하고, 꾸준한 임대 소득을 얻고 있다. 이제는 예전처럼 돈 때문에 아등바등하며 지내지 않는다. 이렇게 목표한 수준에 다다르자 어느 순간 이미 나에게 필요한 고기는 모두 잡았다는 생각이 들었다. 그래서 이제는 고기를 더 잡기 위해 하루하루 스스로를 밀어붙이면서 남들에게 보여주기 위한 부를 이루려고 애쓰기보다는 나만의 기준을 세우고 내가 진정으로 하고 싶은 일에 시간을 쓰고자 한다.

나는 당신이 자신만의 부의 기준을 세울 수 있기를 바란다.

그리고 그 부를 이룬 후에 진정한 경제적 자유를 어떻게 누릴지도 반드시 계획해보길 바란다. 그 과정에서 자신감이 떨어지고 실수하는 일도 있겠지만, 절대 자기 자신에 대한 사랑을 놓지 마라. 그리하여 진정으로 경제적 자유를 누리며 평생을 살아가는 삶의 주인공이 되기를 바란다.

GDB 시스템: 가장 쉬운 통장 관리법

절약을 생활화하는 요즘, 사람들은 '냉파'로 식비를 절감한다고들 한다. 냉파란 '냉장고 파먹기'의 줄임말로, 냉장고 안에 있는 식재료가 모두 떨어질 때까지 마트를 가지 않고 그 재료만으로 음식을 만들어 먹는 것을 일컫는다. 냉장고 파먹기를 잘하면 생활비를 대폭 줄일 수 있고, 냉장·냉동실의 전기 효율을 높여 전기료까지 절약할 수 있다. 나는 이를 세 단계로 구분해보았다.

1단계: 냉장고 안에 있는 음식을 확인한다.

2단계: 식재료의 목록을 적고 종류별로 나눈다.

3단계: 냉장고 지도를 만든다.

여기서 '냉장고 지도'란, 식재료가 어디에 보관되어 있는지 종이에 그려보는 것이다. 기본적으로 고추장, 된장, 김치와 같은 '발효 식품', 과일, 채소와 같은 '신선도 유지 식품', 고기, 해산물 등 '바로 조리해야 할 식품' 등으로 나눌 수 있다. 또 '냉장고 파먹기'의 핵심은 바로 요리 레시피에 너그러워지는 것이라고 한다. 다시 말해, 고기가 없다면 참치 통조림이나 버섯으로 대체하는 등 융통성을 발휘한다. 또한 성공적인 냉파를 위해서는 꾸준한 노력이 필수이다.

나는 냉장고 파먹기의 세 단계를 정리하면서 엄마의 돈 관리에도 이러한 단계가 있어야 한다는 생각이 들었다. 신기하게도 저축은 최대화하고 생활비는 최소화하기 위한 단계 또한 냉장고 파먹기의 3단계와 유사하다.

1단계: 생활비 내역을 적는다.
2단계: 생활비를 고정비와 변동비로 나누어 검토한다.
3단계: 냉장고 지도를 그리듯 수입이 들어오면 세 개의 통장에 나누어 넣는다.

나는 이 세 개의 통장 시스템을 'GDB 통장 시스템'이라고 부른다. 'GDB 통장 시스템'의 핵심 또한 냉파와 마찬가지로 비록 완벽하지 않더라도 스스로에게 너그러워져야 하고, 꾸준히 노력해야 한다는 것이다.

첫 번째 G는 '황금거위 통장(Golden Goose Account)'을 뜻한다. 앞서 수입의 50퍼센트를 저축할 것을 권하면서 황금거위 통장을 언급한 바 있다. 소득의 50퍼센트는 무조건 이 통장으로 매달 특정 날짜에 이체한다. 그리고 이 통장은 일정 금액(나의 기준 7000만 원)이 되기 전까지는 깨지 않는 것을 철칙으로 한다.

두 번째 D는 바로 앞서 말한 '다이아몬드 통장(Diamond Account)'이다. 지난 3개월간의 지출 내역을 확인한 후 식비, 외식비, 의류비 등의 변동 지출 중 감정(스트레스, 화, 우울, 기분전환, 죄책감)으로 인해 나간 돈을 제외한, 순수하게 가족과 나의 미래를 위해 쓴 금액(건강, 도서 구입비, 운동 회원권, 세미나 참석비 등)을 계산해 그것만 이체하는 통장이다.

이 안에는 인스턴트 냉동식품 대신 직접 조리하기 위해 구입한 신선한 과일과 채소 구입비를 포함시킨다. 또한 나와 남편, 아이들에게 필요한 책 구입비도 넣어둔다. 운동을 꾸준히 할 수 있는 헬스장 회원권 구입비뿐 아니라 자신의 외모를 가꾸기 위해 쓰는 영양 크림과 마스크 팩 구입비도 넣어둔다. 지나가다가 예뻐 보인다는 이유로 지르는 옷이 아닌, 언제라도 중요한 미팅에 입고 나갈 수 있는 세련되고 깔끔한 정장 한 벌을 구입할 수 있는 돈도 넣는다.

대신 평소에 죄책감을 해소하고자 아이에게 사주던 고가의 장난감, 꼭 필요하지는 않았지만 싸다는 이유로 구매한 옷, 기분에 따라 마시던 테이크아웃 커피에 들어가는 비용은 줄인다. 또한 주말에 요리하기 귀찮아서 사 먹거나 배달시켜 먹던 외식비도 과감히 줄인다.

이렇게 합리적으로 자신을 위한 금액을 산정한다면 다이아몬드 통장에 있는 돈으로 좀 더 건강해지고, 예뻐지고, 날씬해지고, 행복해질 수 있다.

합리적인 통장 관리를 위한 GDB 시스템

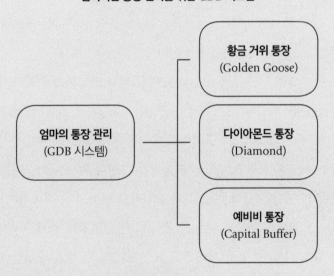

세 번째 B는 '예비비 통장(Capital Buffer Account)'을 뜻한다. 예비비 통장은 말 그대로 예상치 못한 지출에 대비하기 위한 통장이다.

얼마 전 친구가 허리 디스크 수술을 하고 입원을 하였다. 허리 수술로 갑작스러운 수술비를 부담해야 했고, 아이들을 돌봐줄 도우미 아주머니를 출퇴근제로 구할 수밖에 없었다. 게다가 퇴원하고 나서도 누워 있는 시간과 재활 치료를 하는 시간이 많아져 아이를 맡아줄 아주머니 고용비와 함께 재활 치료비도 나가게 되었다.

많은 사람들이 예상치 못한 일이 나에게는 일어나지 않을 것이라 믿으며 이에 대비하지 않는다. 하지만 엄마라면 반드시 가족의 안정을 지켜야만 한다. 돈을 잘 벌고 불리는 것도 중요하지만, 인생을 살면서 일어나는 예기치 않은 일들에 대비할 수 있어야만 위기에도 흔들리지 않을 수 있다.

은행에서 10년간 일하면서 내가 배운 것 중 하나는 갑작스러운 경기 변동이나 위기 상황에 대비해 은행은 충분한 자본을 갖고 운영을 한다는 점이다. 예금 금리를 1퍼센트만 더 준다고 해도 고객들이 돈을 맡기는 은행도 예비비를 마련하고 있는데, 하물며 한 개인이 예비비 없이 지낸다는 건 참으로 위험한 발상이다. 지금 만약 정기적인 소득이 있고 건강한 삶을 살고 있다면 지금이야말로 예상치 못한 일이 발생해도 끄떡없도록 예비비를 비축해야 하는 시기이다. 나는 예비비 통장 잔액은 고정 비용과 변동 비용을 합친 월평균 생활비의 3~5배 정도의 금액을 유지할 것을 권한다. 39세 미만인 가계의 월평균 지출을 대략 270만 원으로 잡는다면, 예비비에 넣어야 하는 돈은 이의 3~5배인 약 810~1350만 원이라 할 수 있다.

다소 과하다고 생각될지도 모르지만, 그 정도의 금액을 통장에 예비비로 넣어둔다면 갑작스러운 실직이나 사고에도 최악의 경우는 피할 수 있다. 참고로 예비비는 언제라도 입출금이 가능하고 이자가 높은 CMA 통장에 넣는 것이 좋다.

종잣돈 마련을 위한 황금거위 통장(G통장), 나와 가족의 발전을 위한 다이아몬드 통장(D통장), 비상 자금을 위한 예비비 통장(B통장)을 합친 'GDB 시스템'을 기억하자. GDB 시스템으로 통장을 분리하고 관리한다면 효과적인 돈 관리를 실현할 수 있다.

내 아이를 위한 경제 교육법

"일하기 싫거든 먹지도 마라"라는 말이 있다. 바로 사도 바울이 성경에 남긴 말이다. 『신약 성경』의 절반을 쓴 사도 바울은 성경을 쓸 정도로 뛰어난 엘리트 인재에 여유 있는 집안 출신이었다. 그러나 그는 천막을 만드는 자신의 생업도 계속 유지했다. 그는 낮에는 천막을 만들어 생계를 유지하면서도, 일을 마친 후에는 자신이 가치 있게 여기는 선교사의 의무를 다했다. 이처럼 '어떤 상황에서도 경제적으로 자립할 수 있는 능력'은 자신의 자존감과 삶의 가치를 유지하기 위한 기본 요소라 할 수 있다.

세계적인 부자들은 스스로 돈을 벌고 관리할 수 있을 때 비로소 부를 누릴 자격이 있다고 생각하여 자녀의 경제 교육에도 철저했다. 미국 최고의 부자 록펠러 2세는 매주 토요일마다 자녀의 용돈 기입장을 보며 아이와 함께 이야기를 나눴다고 한다. 빌 게이츠는 자녀에게 매주 1달러의 용돈을 주고, 집안일을 돕거나 칭찬받은 일을 할 때만 추가적인 용돈을 줬다.

부자들이 실천한 것처럼 경제 교육은 단순히 돈을 버는 방법을 알려주는 게 아니다. 합리적인 소비를 위한 판단력을 기르고, 진정한 돈의 가치를 깨닫도록 도우며, 궁극적으로 자신의 삶을 주도적으로 살아가도록 이끄는 것이 경제 교육의 핵심이다.

대개의 한국 부모들은 "너는 돈 걱정 하지 말고 그저 공부만 열심히 하면 돼"라고 말하며 아이로 하여금 가계나 경제와 거리를 두게 한다. 대학생이 되어도 직접 돈을 벌어야 한다는 사실을 깨닫지 못하는 학생들이 대부분이다. 그렇게 대학을 졸업하고 나서 취직을 해도 상황은 별반 다르지 않다.

주변에 있는 후배들을 봐도, 직장에서 돈을 벌고 있음에도 부모님과 여전히 같이 살며, 생활비는 부모님이 다 내고 자기는 쓰고 싶은 대로 돈을 쓰는 경우를 흔히 볼 수 있다. 결혼할 때쯤이 되면 부모님은 얼마를 모아두셨을까 궁금해하는 친구들도 있다. 신기하게도 부모가 자녀를 위해 무조건적으로 희생하고 보듬으려 할수록, 자녀는 그것을 고맙게 생각하기보다 당연하게 여긴다.

그런데 과연 자녀가 결혼하고 나서도 부모에게 의존하고 스스로 자립해야 하는 이유조차 모른 채 미성숙한 어른이 되는 것이 꼭 자녀만의 잘못일까?

가정이란, 사회의 가장 작은 축소판이다. '가정에서 아이에게 어떤 가치를 심어주는지'가 '사회에서 아이가 어떻게 살아갈지'를 결정한다. 부모라면 반드시 자녀가 어릴 때부터 '성인이 된 후에는 스스로 돈을 벌어 경제적 자립을 이뤄야 한다'는 사실을 알려줘야 한다.

노동의 신성함을 깨닫게 해주고, 무엇이든 희생과 노력 없이는 얻지 못한다는 점을 일깨워야 한다. 아무런 노력도 하지 않았는데 끊임없이 필요한 것이 채워지는 경험을 하며 자란 아이는 자신이 왜 노력해야 하는지 알지 못한다. 따라서 부모는 자녀가 스스로 자신의 책임과 의무를 깨달을 수 있도록 이끌어줘야 한다.

내 아이의 경제 지능을 높이는 법

지금 이 시대에는 무엇보다 자녀의 '경제금융 지능'을 높여줘야 한다. 나의 자녀가 자라서 부딪히게 될 세상에서 가장 필요한 능력이 바로 스스로 자립하여 살아갈 수 있는 '생존력'이기 때문이다.

자녀가 스스로 독립하여 자립심을 가질 때, 비로소 부모에게 정신적으로, 경제적으로 의존하지 않는 진정한 어른이 된다. 앞으로는 자녀가 더 클 수 있는 기회를 주도록 하자. 나는 돈의 진정한 가치를 깨닫고 스스로 경제 습관을 길러가는 아이로 거듭나기 위한 '경제 교육 3단계'를 제안하고 싶다.

① 용돈 기입장으로 합리적인 소비 습관 기르기

경제 교육의 첫 단계는 용돈 기입장을 통해 아이들에게 합리적인 소비 습관을 길러주는 것이다. 자신이 받는 용돈 안에서 지출 계획을 세우고, 계획에 없던 소비를 참는 과정에서 아이는 합리적인 소비를 몸소 익히게 된다.

용돈은 풍족한 것보다는 살짝 부족하게 주는 것이 좋다. 다만, 집안일을 돕거나 스스로 세운 목표에 도달했을 때 추가적인 용돈을 마련하는 방법을 스스로 모색할 수 있도록 해야 한다.

그리고 아이의 지출에는 자율성을 보장해주어야 한다. 아이의 모든 지출을 사사건건 간섭하면, 아이는 경제적 자립성을 키울 기회를 잃게 된다. 용돈은 자율적으로 쓰되, 추가적인 용돈을 주지 않고 원칙을 지켜서 아이의 책임감을 기를 수 있도록 하자. 이에 더해 일주일에 한 번, 아이가 쓴 용돈 기입장을 보면서 함께 이야기한다면 아이는 자신의 지출을 되돌아보고 앞으로의 계획을 수정해나가는 귀중한 가르침을 얻을 것이다.

② '꿈 통장'을 통한 저축 습관 실천하기

합리적인 소비 습관만큼, 저축 습관도 중요하다. 두 번째 단계인 꿈 통장을 만들어 아이의 저축 습관을 길러주자. 저축이 습관이 되기 위해서는 무조건 아끼라고 말하기보다는, "저금한 돈이 다 모이면 어떤 걸 갖고 싶어?" 등의 질문을 통해 저축해야 하는 이유를 본인에게서 찾을 수 있도록 도와주는 게 좋다.

그리고 이 통장에 '×월 ×일 ○○○을 위한 통장'이라는 구체적인 목표를 적어서 붙여준다면, 아이는 자신의 꿈을 성취하고자 끊임없이 노력하게 된다.

꿈 통장의 꿈은 아이가 원하는 것으로 결정할 때 가장 효과적이다. 아이는 돈이 삶의 목적이 아닌, 내가 이루고 싶은 일들을 실현하기 위한 수단이라는 사실을 깨닫게 된다.

③ '나눔 저금통'으로 베푸는 기쁨을 알기

세 번째 단계는 나눔 저금통을 통해 아이에게 베풂의 삶을 알려주는 것이다. 유대인들은 아이가 태어나면 '체다카

(Tzedakah)'라고 불리는 저금통을 선물한다. 이들은 어릴 때부터 가난한 이웃을 위한 기부금을 체다카에 모으며 남을 돕는 습관을 기른다. 미국의 억만장자 중 40퍼센트를 차지하고 있는 유대인의 거대한 부와 성공에는, 나누고 기부하는 문화가 자리 잡고 있다.

나눔은 스스로를 돕는 일이기도 하다. 나눔을 통해서 타인의 어려운 상황에 공감하고, 배려하는 성품을 지니게 되기 때문이다. 나눔의 과정에서 아이는 자신이 가진 것을 되돌아보는 소중한 기회를 가질 수 있다.

자녀가 진정한 어른이 될 때, 부모 또한 자식에 대한 끝없는 부담감에서 벗어나 자신의 노후를 진지하게 준비할 수 있게 된다. 부모가 노후를 잘 준비하면, 결국 부모도 은퇴 후 자녀에게 기대거나 손 벌리지 않을 수 있어 부모와 자식 간에 더욱 편안한 관계가 유지된다.

부모 자식 사이에 무슨 돈 문제를 언급하느냐고 생각할지도 모르겠다. 하지만 주변을 한번 돌아보자. 경제적인 문제로 가족 간에 사이가 멀어지는 일은 매우 흔히 볼 수 있다. 돈은 그저 물질적인 수단일 뿐이지만, 너무나 가까웠던 사람들과의 관계를 깨뜨리기도 한다. 그렇기에 자녀 교육에 대해 자신만의 철학을 바르게 정립하는 일 또한 돈 공부의 영역이다. 자녀를 위한 경제 교육은 결과적으로 엄마의 삶을 더욱 단순하고 편안하게 만들어주기 때문이다.

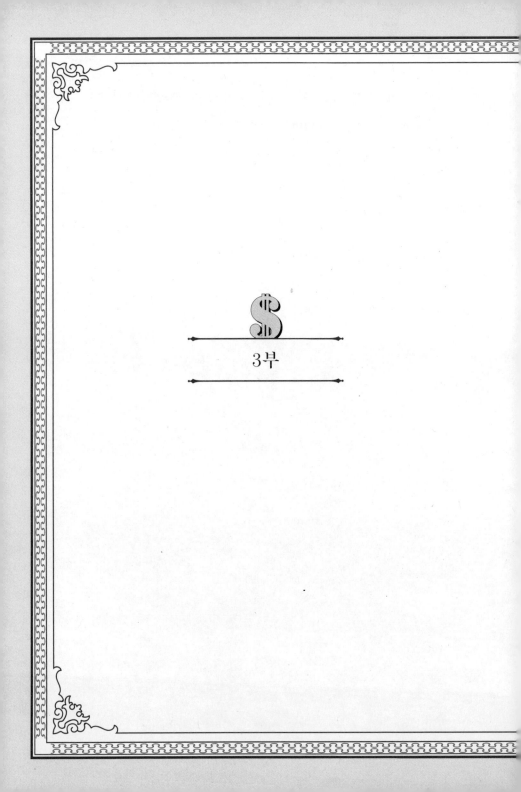

$

3부

부자 되는 습관을 기르는
엄마의 하루

"전문가가 아닌, '나'를 믿기 위하여"

우울증을 겪고 있던 초보 엄마가 있었다. 병원에 상담을 받으러 갔더니 의사 선생님이 이렇게 말씀하셨다고 한다.

"이제 카카오스토리 같은 SNS는 하지 마세요. 다른 사람들이 어떻게 지내는지 잠시 관심을 끊어보세요."

그 엄마는 사실 매일 SNS에 접속해 '나는 아이 낳고 살도 안 빠지고 집에서 이렇게 아이 기저귀나 갈고 있는데 이 사람은 이렇게나 날씬하네! 나랑 같은 처지인데도 자기 일도 하면서 우아하게 지내는구나!'라며 끊임없이 자신을 남과 비교하고 있었다. 그러면서 점점 우울증이 심해졌다.

요즘 엄마들은 SNS로 이어진 사회에서 살고 있다. 위의 예시처럼 다른 사람이 어떻게 사는지를 보면서 끊임없이 남과 자신을 비교하며 열등감을 느끼기도 하고, 한편으로는 남들에게 과시하기 위해 삶을 화려하게 꾸민 채 살아가기도 한다. 진정 자기는 스스로를 어떻게 보고 있는지 물어보려 하지도 않은 채, 자신에 대한 믿음과 사랑은 잊은 채 외부의 시선에만 온통 신경을 쓰고 있는 듯하다. 그러나 자신을 사랑하지 못하는 사람은 남들의 모습에 끊임없이 흔들리고, 남들이 자신을 어떻게 보는지를 생각하며 이리저리 끌려다닐 수밖에 없다.

어쩌면 우리에게 주어진 '삶'은 너무나 소중한 선물인데 우리는 어느새 겉으로 보이거나 SNS에 올라오는 타인의 평가에 좌지우지되고, '우리의 겉을 싸고 있는 포장지에만 신경을 쓰고 있는 건 않은가'라는 생각이 든다. 우리가 받은 이 소중한 선물상자 안에 과연 무엇이 있는지 알려고 노력하지 않은 채 화려하게 포장을 하는 데 온 정신이 팔려 시간을 흘려보내는 것처럼 느껴지기도 한다.

과연 당신은 스스로를 어떻게 보아왔는가? 또 현재 자신을 어떻게 바라보고 있으며, 과거의 자신을 사랑하고 있는가? 지금 당신의 모습을 사랑하고 있는가?

자신을 믿을 때 앞으로 나아갈 수 있다

어린 시절부터 나는 항상 스스로를 채찍질하는 아이였다. 선생님들한테 칭찬도 듣고 싶고, 점수도 잘 받고 싶었다. 시험 등수가 조금이라도 떨어지면 다른 아이들과 비교하면서 스스로를 열등하다고 느끼고 나 자신을 인정해주지 않았다. 고등학교 시절에는 점수가 생각만큼 안 나오면 방문을 잠그고 울기도 했다. 그러다가도 칭찬을 받고 나면 한없이 기분이 좋아졌다. 누군가 칭찬 한마디를 해주면 그것을 되새기고 또 되새겼다.

초등학교 때는 친구들과 선생님이 "너는 목소리가 참 예쁘구나"라고 말해주었다. 그 말을 잊지 않고 있다가, 중학교에 진학한 후 방송반에 지원하기도 했다. 1학년 때 방송반에 합격했는데, 막상 방송부에 가니 나보다 목소리가 더 예쁜 친구들이 정말 많았다. 그리고 방송도 나보다 더 잘하는 친구가 있었다. 결국 방송반의 다른 아이들과 스스로를 비교하다가 1년 만에 그만두었다.

그런데 가만히 보면, 막내아들이 꼭 나와 닮았다. 무엇을 하든 칭찬받고 싶어 하고, 스스로를 형이나 친구들과 비교한다. 유치원에서 칭찬을 받고 나면 집으로 달려와서 큰 소리로 자랑한다. 실수라도 하면 형과 비교하면서 울고불고한다. "나는 한 글을 모르잖아!"라며, 서럽게 운 적도 있고, "나는 형아처럼 종이접기도 못 하잖아"라면서 색종이를 던진 적도 있다. 그럴 때면 나는 막내아들을 꼭 안아주며 이렇게 말해준다.

"민성아, 너는 칭찬을 받을 때도, 받지 않을 때도 세상에서 가장 멋진 아이야. 그리고 너는 종이접기는 형보다 조금 느려도 노래도 잘하고 마음도 넓고 말도 잘하잖아. 한글은 지금부터 공부하면 누구나 할 수 있는 거야. 엄마는 우리 아들이 세상에서 제일 멋져."

단순히 우는 아이를 달래주려고 하는 말은 아니고 진심으로 그렇게 믿으며 아이의 장점을 되짚어준다. 눈에 보이는 결과들이 자신의 가치를 판단하는 잣대가 되지 못한다는 것을, 나는 마흔이 넘어서야 서서히 깨닫고 있다. 나는 우리 아이가 꼴찌를 한다고 해도 존재 자체로 훌륭하다는 사실을 알고 있다. 그리고 내 아이가 과거의 나처럼 남들의 칭찬과 판단에 휘둘리지 않고, 자신을 어느 누구와도 비교하지 않기를 바란다.

지금 나는 당신이 어떤 위치에 있으며 어느 정도의 자산을 모았는지 알지 못한다. 하지만 내가 분명히 알고 있는 것이 있다. 그것은 바로 당신은 이 세상 그 무엇보다 값지고 소중한 보석과도 같은 존재라는 것이다. 현재의 모습을 당신의 전부라 단정 짓지 않고, 겉으로 보이는 조건에 휘둘리지 않고, 당신이 꿈꾸는 미래를 확신할 때, 원하는 모든 것을 가질 수 있다. 그리고 돈은 그때 비로소 얻게 되는 많은 것 중 하나일 뿐이다.

사람들은 자신의 가난에 대해 여러 가지 이유를 든다. 부유한 집에서 태어나지도 못했고, 물려받은 돈도 없으며, 학벌이 뛰어나지도 않고, 타고난 능력도 없다고 말이다. 그런데 정작 자신이 가난한, 가장 핵심적인 이유가 무엇인지 아는가? 바로 나 자신을 믿지 않았다는 사실이다. 그래서 자신에게 기회조차 주지 않았고, 최대한의 능력을 발휘하지도 못했다.

나 또한 남들이 나에게 대놓고는 하지 못할 심한 말까지 스스로에게 하곤 했다. 새로운 일을 시도하려고 하면 "네가 잘할 수 있겠어? 지난번에도 못 했잖아"라고 내면의 목소리가 속삭였다. 그리고 결과가 조금이라도 부정적이면 기다렸다는 듯이 "이것 봐! 역시 난 또 안되는구나"라고 내뱉었다. 심지어 결과가 좋고 남들이 "너 정말 대단하다. 멋지다"라고 칭찬할 때도 속으로는 '아니야. 그저 운 때문이지'라며 스스로를 깎아내렸다.

하지만 지금 자신에게 한번 물어보자. 정말로 부와 행복을 얻고 싶은가? 만약 그렇다면, 이제 나를 폄하하는 듯한 태도는 모두 버려야 한다. 타인의 평가와 시선 따위는 접어두자. 겉으로 보이는 포장보다 그 안에 숨겨진 선물이 무엇인지 발견해나가야 한다. "나는 나 자신의 행복을 추구하겠다. 남이 아닌 나의 만족을 추구하겠다. 나는 나 자신이 너무나 자랑스럽다"라고 말하며 매일 아침을 시작해보자. 전문가도, SNS 친구도 아닌 나 자신의 능력을 확실하게 믿을 때, 우리는 기회를 잡을 수 있고 비로소 앞으로 나아갈 수 있다.

아침 5분,
기적을 만드는 모닝 루틴

1. 나를 시원하게 감싸주는 부드러운 바람을 맞으며 플로리다 의 피셔 섬 주위를 달린 것

2. 햇빛을 받으며 벤치에 앉아 차가운 멜론을 먹은 것

3. 머리가 엄청나게 큰 남자와 소개팅을 한 게일과 신이 나서 오랫동안 수다를 떤 것

4. 콘에 담긴 셔벗이 환상적으로 달콤해서 손가락까지 핥아먹 은 것

5. 마야 엔젤루가 새로 쓴 시를 전화로 들려준 것

위의 다섯 가지는 오프라 윈프리가 1996년에 적은 '감사 일기'이다. 그녀는 십여 년간 매일 위와 같은 감사 일기를 쓰면서 그 효과와 기적을 직접 체험했다고 말했다. 당신의 오늘 하루는 어떠했는가? 혹시 감사할 일보다는 불평할 일이 더 많은 하루를 보내지는 않았는가?

'감사 일기'로 긍정의 에너지를 얻는다

워킹맘으로 살면서 나는 참으로 많은 심적 변화를 겪었다. 한동안은 직장과 일과 육아를 병행하며 극도의 우울 속에 빠졌다. 평소라면 책을 읽고, 친구들과 수다를 떨면 다시 마음의 평화를 찾곤 했지만, 우울감이 심할 때만큼은 일기장에 내 마음을 솔직히 털어놓고, 친한 친구와 깊이 있는 이야기를 나누어도 좀처럼 나아지지 않았다.

그때 오프라 윈프리의 감사 일기를 보고 나도 한번 써보기로 했다. 그런데 신기하게도 꽁꽁 얼어붙었던 내 마음이 서서히 녹아내리기 시작했다.

어느 날 출근길 지하철에서 나는 세 가지 감사 일기를 썼다.

1. 출근하기 전, 아이들이 저에게 "엄마 사랑해요"라는 말과 함께 볼에 키스하게 해주셔서 감사합니다.
2. 제가 좋아하는 음악을 듣고 시원한 바람을 맞으면서 상쾌한 기분으로 출근하게 해주셔서 감사합니다.
3. 부모님도 우리 가족도 모두 건강하게 해주셔서 감사합니다.

이렇게 아침마다 지하철에서 짧게라도 꼭 적었다. 서서 갈 때는 구석에서 적었고, 밤에 아이들을 재우기 전에는 셋이 손을 잡고 감사 기도를 드렸다. 아이들은 처음에는 굉장히 낯설어했지만, 이내 재미를 느끼는 것 같았다.

1. 진성이가 건강하게 학교에 가고, 친구들과 선생님과 함께 수업을 듣도록 해주셔서 감사합니다.
2. 민성이가 유치원에서 맛있는 간식도 먹고, 수영도 잘하게 해주셔서 감사합니다.
3. 엄마와 진성이와 민성이가 함께 따뜻한 집에서 잠들 수 있게 해주셔서 감사합니다.

이렇게 기도를 하고 아이들에게도 권하면, 아이들은 몇 가지 내가 상상도 못 한 일들을 감사 기도에 넣었다. 예를 들면, "오늘 짝꿍과 재미있게 놀게 해주신 것 감사합니다", "오늘 할아버지가 아이스크림을 사주게 해주셔서 감사합니다"와 같은 소소한 일들을 말하기 시작한 것이다. 그리고 날이 갈수록 신기하게도 감사 기도의 리스트는 점점 늘어났다. 그리고 언젠가부터 아이들은 내게 자신에게 일어난 좋은 일들을 말해주기 시작했다.

"엄마, 저 오늘 좋은 일 있었어요. 과학 시간에 햄스터를 만져봤어요!"

아이들은 이런 일에도 '좋은 일'이라는 표현을 썼다. 아이들은 어느새 '감사의 마음'이란 곧 '행복한 느낌'이며 '좋은 일'임을 깨달은 것 같았다.

나는 감사 일기로 인생의 흐름을 바꿀 수 있다고 믿는다. 이를 통해 불만과 불평이 가져다주는 부정적인 느낌을 기쁨과 행복이라는 느낌으로 전환시킨 경험을 수없이 해왔기 때문이다.

매일 감사 일기로 하루를 시작해보는 건 어떨까? 처음에는 어색할 수도 있지만, 하다 보면 점차 긍정적으로 변화하는 자신을 발견해갈 것이다. 감사 일기를 쓸 때는 영화의 한 장면을 묘사하듯 최대한 구체적으로 작성하면 좋다. 그리고 저녁에는 꼭 아이들의 손을 잡고 감사 기도를 드려보자. 당신에게도 오프라 윈프리가 말한 기적이 펼쳐질 것이다.

'성공 일기'로 자존감을 높인다

보도 섀퍼가 지은 소설 『열두 살에 부자가 된 키라의 성공 일기』를 보면 말하는 강아지 '머니'가 친구 '키라'에게 성공 일기를 쓰라고 하는 부분이 나온다. 키라는 공책의 맨 앞에 '성공 일기'라는 이름을 써 붙이고 공책을 뚫어지게 쳐다보며 자신의 하루를 돌아본다. 그런데 어떤 것을 성공이라고 기록해야 할지 확신이 서지 않았다. 그렇게 계속 고민을 하다가 일단 생각나는 대로 적기 시작한다.

1. 성공 일기를 쓰기 시작했다.
2. 돈을 많이 벌기로 결심했다.
3. 쉽게 포기하지 않기로 했다.

처음에는 힘들었지만 점차 쓰는 게 쉬워졌고, 이렇게 매일 성공 일기를 쓰면서 키라는 서서히 자신감을 갖게 되었다. 또한 힘든 일이 터져 두려운 마음이 들 때면 과거에 적은 성공 일기를 보면서 용기를 얻었다.

이제 우리의 지나간 하루를 생각해보자. 어제 한 일 중 무엇이 기억에 남는가? 칭찬받을 만한 행동은 잘 생각이 나지 않을 수도 있다.

실제로 나 또한 성공 일기를 쓰려다 오히려 나 자신에게 미안해진 적도 있다. 처음부터 너무 부담감을 가지면 오히려 성공 일기가 스트레스가 되기도 한다. 따라서 그런 날은 다음과 같이 그냥 있었던 일과 감정을 그대로 작성하고 잠들기도 했다.

퇴근 후 집으로 급히 와서 저녁 내내 아이들을 챙기고 먹이고 씻기고 안아주었다. 그런데 잠자리에 들기 전에 아이들에게 양치질을 하라고 하니 두 아이가 기다렸다는 듯이 함께 도망을 다니면서 뛰어다니는 게 아닌가. 뛰지 말라며 혼내는 중에 둘째는 재미있다는 듯 식탁 밑으로 숨었고, 첫째는 이불 속으로 들어가 버렸다.
속이 부글부글 끓다 폭발해 "야! 너희 정말 계속 이럴 거야? 얼른 와서 양치질하라고! 하나! 둘! 셋!" 하며 소리를 질렀고 한 명씩 화장실로 끌고 가 간신히 이를 닦였다.
어쨌든 하루를 잘 마무리한 것에 감사하면서 잠자리에 누우니 계속 화냈던 것만 생각난다. '조금 더 차분하게 이야기했다면 좋았을 텐데……', '이를 닦지 않으면 충치벌레가 생긴다고 친절하게 말할걸……' 이렇게 아이에게 소리를 지르고 화를 내는 나 자신이 미워진다.

릭 핸슨의 『행복 뇌 접속』이라는 책을 보면, 실제로 지난 6억 년 동안 인간의 뇌는 생존을 위해서 당근보다는 채찍에 반응하고 부정적인 성향을 지니도록 길들여졌다고 한다. 야생에서는 자신의 부주의로 놓쳤던 부분이나 부족한 점을 반드시 보완해야만 살아남을 수 있다는 사실이 뇌에 각인된 것이다. 그는 한 가지 부정적 사실을 상쇄하기 위해서는 최소 다섯 번의 긍정적 효과가 필요하다고 말한다.

그렇기에 우리는 의식적으로라도 성공 일기를 써야 한다. 자신이 잘한 일을 기억하고 써놓지 않으면 부정적인 사건만 뇌리에 남아 자신감을 떨어뜨리거나 앞으로 나아가지 못하는, '과거 지향적인 사람'이 될 수도 있다.

또, 성공 일기는 반드시 오전에 쓴다. 그래야 하루를 더 힘차게 시작할 수 있기 때문이다. 물론 그 성공 일기가 반드시 화려한 이력으로만 가득 차 있는 건 아니다. 그렇지만, 가만히 생각해보자. 엄마로서 하루하루 내가 맡은 일을 해나가고, 나 자신과 가족을 돌보면서 살아간다는 건 결코 쉬운 일이 아니다.

엄마인 우리는 때로는 엄청난 스트레스를 견디고, 때로는 하기 싫은 일을 참아내기도 한다. 때로는 마음속에 뭉글뭉글 피어오르는 우울이나 슬픔을 억누르며 어제보다 조금 더 성숙한 나를 만들기 위해 한 걸음 더 나아가기도 한다. 그렇다면 가끔은 정말 단순하고 소박한 일을 해냈을지라도 나 자신의 어깨를 두드려줄 필요도 있다.

나 역시 성공 일기를 쓸 때마다 "너 잘하고 있어! 네 마음은 누구보다 내가 잘 알아!"라고 스스로를 토닥이며 나의 잘한 일과 긍정적인 면을 되새기고 기억하려 애쓴다. 그리고 다음과 같이 기록한다.

1. 피곤하고 짜증도 났지만, 감사 일기를 쓰기 시작했다.
2. 아이들이 채소를 골고루 먹을 수 있도록 저녁 식사로 볶음밥을 해줬다.
3. 그동안 지저분하게 쌓여 있던 서류와 책을 정리하여 책상을 깔끔하게 만들었다.

이런 사소하고 작은 일도 찾아내어 성공 일기 속에서 나 자신을 칭찬한다. 그렇게 벽돌을 쌓듯이 나에 대한 신뢰감을 쌓아가는 것이다.

성공 일기 세 문장을 쓰는 데는 몇 분도 채 걸리지 않는다. 그렇지만 그 효과는 상상을 초월한다. 그 과정에서 우리의 뇌에는 부정적인 기억 대신에 긍정적인 기억이 남게 되어 자신감을 얻고 두려움을 이겨낼 수 있다.

'미래 일기'로 내가 꿈꾸는 모습에 다가간다

대학교 때 알게 된, 미군 부대 내 성당의 신부님은 돌아가시기 전까지 나에게 큰 사랑을 베풀어주셨다. 그리고 인생의 고비마다 나를 위해 기도해주셨다. 그러나 안타깝게도 몇 년 전 췌장암으로 돌아가셨다.

장례식에 참석한 나는 그저 울기만 했다. 살아계실 때 조금 더 잘해드리지 못했고, 아이들을 키우고 직장에 다니느라 바쁘다는 핑계로 감사함을 잘 표현하지 못했던 것, 사랑을 받기만 하고 드리지 못했던 것이 내 마음을 찢어놓았다. 장례식은 성당에서 열렸고 신부님께서는 생전 모습 그대로 관에 누워계셨다. 장례식장에 가면서도 울기만 하던 나는 관 속에 누워계신 신부님의 모습을 보고 가슴이 너무 아파 의자에서 일어날 기운조차 없었다. 어떻게 장례식이 끝났는지 잘 기억나지 않을 정도로 힘든 하루를 보내고 침대에 누웠다.

그날 새벽에 꿈을 꾸었는데 신부님께서 관 속에 계시던 그 모습 그대로 나타나셨다. 그리고 나에게 다가와 세상에서 가장 평화롭고 온화한 표정으로 "지영아, 모든 것은 다 괜찮아. 더 이상 슬퍼하지 마. 나는 늘 네 곁에 있을 거야"라고 하시며 나를 꼭 안아주셨다.

나는 신부님 품에 안겨 조용히 눈물만 흘리고 있었는데, 꿈에서 깨어나니 실제로 내 눈에 눈물이 흐르고 있었다. 그리고 나를 안아주시던 신부님의 온기가 내 가슴속에 그대로 남아 있었다. 나는 지금도 신부님께서 분명히 어디에선가 나를 지켜보고 계실 거라고 믿는다.

내가 미래 일기를 쓰는 이유는 내 머릿속에 떠오르는 생각이 바로 미래의 나 혹은 신부님과 같이 내가 사랑하는 그 누군가가 전해주는 메시지라고 믿기 때문이다. 다시 말해, 미래의 내가 5차원의 공간에서 지금의 나에게 말해주는 이야기가 바로 나의 미래 일기에 그대로 담긴다고 믿는다. 당신이 미래 일기를 적는 순간 미래의 당신은 자신의 바로 옆에 있게 된다. 또는 당신을 너무나 사랑하고 아껴주는 누군가가 당신의 옆에서 그렇게 될 거라고 속삭인다.

미래 일기는 짧게 몇 줄로 적을 수도 있고, 자세히 적을 수도 있다. 어쨌든 언제, 어디서, 누구와, 무엇을, 어떻게 했는지, 육하원칙에 맞추어 상상을 하고 기록한다.

20××년 8월 25일 오전 6시
나는 지금 하와이의 해변을 걷고 있다. 사랑하는 남편과 다정하게 손을 잡고 해변을 걷고 있다. 햇살은 눈부시게 비추고 있으며 내

볼에 스치는 바람은 따스하게 느껴진다. 우리 가족은 세계 여행을 떠났다. 세계 여행의 첫 목적지로 첫 아들을 임신했을 때 왔던 하와이를 선택했다. 사랑과 감사의 감정이 나의 가슴을 채운다. 나는 여행 작가이다. 나의 경험과 생각을 글로 써나가면서 사람들이 진정한 인생의 행복을 찾을 수 있는 내면의 힘을 강화하도록, 동기 부여 메시지를 전하고 있다. 현실의 어려움 속에서도 절대로 꿈을 잃지 말고 자신의 삶을 성장시키려는 노력을 멈추지 말라는 메시지이다. 비록 과거에 어떤 잘못과 시행착오가 있었다 한들 항상 자신을 믿는 자존감과 사랑을 잃지 말라는 메시지를, 책과 강연을 통해 전하는 중이다.

20××년 12월 25일 오후 9시

오늘은 크리스마스이다. 남편, 아이들과 나는 크리스마스트리 아래 놓인 선물을 풀면서 행복한 표정을 짓고 있다. 우리는 지금 캘리포니아에 살고 있다. 1층에는 벽난로가 있는 넓은 거실이 있고, 2층에는 방이 네 개 있다. 벽난로에서 장작이 조그만 소리를 내면서 타고 있고, 따스한 온기가 온 집 안을 가득 채운다. 아이들은 모두 건강하게 자라고 있고, 남편과 나는 임대 사업을 하면서 함께 많은 시간을 보내고 있다. 얼마 전 상가를 하나 매수하여 임대 계약을 완료했다.

이렇게 미래 일기로 자신이 이루고 싶은 미래의 모습을 쓰고 나면, 내 마음속은 행복감으로 가득 차오르는 것을 느낀다. 아침 5분씩 감사 일기 세 가지, 성공 일기 세 가지, 미래 일기를 간단히 적으며 매일 하루를 시작해보자. 감사의 마음과 평온함이 가슴을 채워줄 것이다.

사실 나도 이 일기들을 쓰기 전에는 매일 쳇바퀴 돌리는 삶을 한탄하며 온갖 걱정과 스트레스로 가득 찬 상태로 어쩔 수 없이 하루를 시작한 적도 많았다. 하지만 매일 아침 나 자신을 사랑하고 보듬는 시간을 가지면서 나는 좀 더 강해졌고, 좀 더 밝아졌다. 당신도 그렇게 하루 5분을 시작할 수 있다면, 어느새 일기에서 꿈꾸던 자신의 모습대로 성장해 있을 것이다.

직접 쓰는
내 인생의 시나리오

여름휴가 기간이 다가오면 우리는 벌써 몇 주 전부터 분주해진다. 피곤한 눈을 비벼가면서 열심히 여행지에 관한 정보를 검색하고 어디가 좋을지, 어디서 머물지를 결정하며 숙소까지 미리 예약을 한다. 그런데 여기서 끝이 아니다. "맛집은 어디로 가지?", "뭘 입고 가야 여행 내내 편하면서 사진에도 잘 나올까?", "옷에 무슨 모자를 써야 어울릴까?" 등 휴가 계획은 꼬리에 꼬리를 문다.

알고 보면 길어도 2주가 채 안 되거나 1주도 안 되는 여름휴가인데 우리는 계획을 짜는 데에 엄청난 시간을 쏟는다. 그런 계획은 사실 누가 시켜서 짜는 게 아니다. 방문할 장소를 검색하다 이미 사람들이 올려놓은 멋진 사진을 들여다보며 상상의 나래를 펼치고, 필요한 옷이나 소품을 고르면서 여행지에 가 있는 나를 상상해보는 시간은 여행을 떠나기 전부터 기대감과 설렘을 안겨준다.

그런데 우리의 삶은 어떠한가? 1주일도 채 안 되는 휴가 계획은 열심히 짜면서 수십 년을 살아가는 우리의 인생에 대해서는 이처럼 진지하게 계획을 짜본 일이 거의 없다. 아이와 함께 가는 여행에는 그렇게 공을 들이면서, 아이와 함께 살아가는 몇십 년에 대한 계획은 과연 세워보았는지, 스스로에게 한번 물어보자.

여름휴가가 그렇게 소중하고 아깝게 느껴지는 이유는 그 기간이 1년에 단지 1주일 또는 2주일밖에 안 되기 때문이다. 그런데 우리는 인생 또한 유한한 것인데도 삶이 무한한 것처럼 하루하루를 당연히 여기면서 시간을 흘려보내곤 한다. '언제, 어디에서, 어떻게 우리의 인생이라는 여정을 살아갈 것인가?'를 깊이 고민하기보다 그저 주어지는 대로 시간을 보낸다. 그리고 이렇게 인생의 큰 방향성이나 구체적인 목표 등이 없이 살다가 나이가 들어서 주어지는 책임과 의무에 삶을 그냥 맡겨버린다.

특히 엄마의 하루는 당장 가족을 위해 이곳저곳 바삐 움직이고 해야 하는 일들로 꽉 차 있어 삶의 계획을 짠다는 것 자체가

사치로 느껴지기도 한다. 하지만 과연 바쁜 현실 때문이라는 핑계로 이렇게 하루하루를 보낸다면 우리의 삶은 어떻게 될까?

로마 역사를 통틀어 가장 훌륭했던 인물 중 하나로 평가받는 마르쿠스 아우렐리우스는 그의 저서 『명상록』에서 이렇게 말한 바 있다.

네겐 너 자신을 존중할 기회가 얼마 남아 있지 않다. 인간의 생애는 짧다. 네가 너 자신을 존중하지 않고, 너의 행복을 다른 사람들의 영혼에 내맡기고 있는 동안, 너의 생애는 끝나버리고 말 것이다. 인간의 일생은 그 사람이 생각한 대로 된다.

다시 한번 자신에게 물어보자. 과연 우리의 인생이 여름휴가와 다를 바가 무엇이 있는가? 여름휴가가 유한하듯, 인생도 유한하다. 당신이 여름휴가를 어디에서 보낼지 선택할 수 있듯, 인생도 우리의 선택으로 이루어진다. 여름휴가를 집에서 잠만 자거나 최악의 경우 처리하지 못했던 일들을 수습하며 보낼 수 있듯, 우리의 삶도 그저 아무런 모험이나 흥분되는 일 없이 흘려보내고 주어진 일을 별생각 없이 해나가며 살 수도 있다. 그 누구도 영원히 살 수는 없다. 다만 대부분이 그 사실을 애써 외면하며 일상에서 망각하고 있을 뿐이다.

여름휴가와 우리 인생의 공통점은 한 가지가 더 있다. 주위에 보면 돈이 있고 시간이 있어도 몸이 아파 자유롭게 떠나지 못하는 사람도 있다. 비록 근사한 장소에 있더라도 곁에 사랑하는 사람이 없어 외로운 삶을 살아가는 사람도 있다.

우리네 삶도 마찬가지다. 돈이 많이 있다고 하여 삶이 행복한 것도, 우리가 완전한 자유를 누릴 수 있는 것도 아니다. 경제적 자유를 추구한다는 명목으로 더 많은 것을 소유하고 싶어 하고, 욕망에 끌려다니면서 돈의 노예가 되고, 돈만 추구하다 건강을 잃고 사랑하는 사람들까지 떠나보내는 경우도 있다.

결국 돈은 우리가 삶의 가치와 목표를 분명하게 세우고 나서야 비로소 빛을 발하는 수단이 된다. 돈이 행복한 삶을 위한 도구가 되고, 자신이 스스로를 존중하며 주관대로 삶을 살아갈 때 비로소 진정한 행복이 찾아온다.

글로 쓰면 이뤄지는 인생 로드맵의 기적

사실 우리 삶에 대한 계획을 세울 때, 마냥 기쁘지만은 않다. 내가 원하는 삶의 모습을 적으려 하면 제일 먼저 마주하게 되는 것이 바로 나의 현실이기 때문이다. 진정 내가 바라는 꿈을 꿈고 인생의 로드맵을 세우고 계획을 세우더라도 결과가 기대보다 못하면 고통스러우니, 차라리 아무런 기대도 하지 않고 아무런 꿈도 꾸지 않는 것이 오히려 고통을 키우지 않는 방법이라 느낄 수도 있다.

나 또한 실제로 삶에서 내가 원하는 것을 적는 게 그리 즐겁지만은 않다. 삶은 내가 꿈꾸고 원했던 모습과는 다르게 전개되는 경우가 더 많다. 그렇지만, 그동안 좌절할 일이 많았다고 해서 남은 생에서도 좌절감으로부터 도망치며 살아갈 필요는 없다. 진정 나의 가슴을 뛰게 하는 것, 내가 기대하는 것이 무엇인지도 말할 용기가 없는 삶이 과연 죽어 있는 것과 무엇이 다르단 말인가.

따라서 아무리 현실을 직시하는 일이 괴롭다 해도 부와 행복을 얻기 위해서는 먼저 '인생 로드맵'을 세워야 한다. 명확한 로드맵 없이 인생을 살게 되면 경제적 자유는 절대 오지 않는다. 설령 운이 좋아 부자가 된다 해도 하루하루를 무의미하게 보낼 가능성이 높다.

미국의 《석세스 매거진》은 1953년 예일대학교 졸업생들을 대상으로 한 설문 조사 연구를 시행했다. 그들은 졸업생들에게 다음과 같은 세 가지 질문을 던졌다.

1. 세워둔 목표가 있는가?

2. 목표를 기록해두었는가?

3. 목표 달성을 위한 계획을 세웠는가?

1번 문항에만 '그렇다'고 답을 한 학생은 전체의 13퍼센트, 1~3번 모두 '그렇다'고 답한 학생은 전체의 3퍼센트였다. 나머지 84퍼센트는 즐겁게 사는 것 외에 특별히 구체적인 목표가 없다고 대답했다.

이후 22년이 흘러 1975년이 되었다. 1953년 졸업생들을 추적 조사하여 발표한 결과, 1~3번에 모두 '그렇다'고 답한 3퍼센트의 학생들이 1번 문항에만 답한 학생들을 포함한 전체 학생 97퍼센트의 소득보다 열 배 이상의 소득을 올리고 있었다. 똑같은 명문대를 졸업한 우수한 학생들이었지만, '자신의 목표를 세우고, 기록하고, 구체적인 방안을 써보았는지의 여부'에 따라 미래가 달라진 것이다.

인생 로드맵의 중요성에 대해서 공감하였는가? 그렇다면 이제 자신이 원하는 것을 편안한 마음으로 적어보자. 인생의 로드맵이라는 게 꼭 그렇게 어렵고 거창한 건 아니다. 운전할 때도 여러 코스가 있고 날씨나 여건에 따라 속도를 조절하듯, 삶의 목적지에 가는 동안 노력하는 방법을 여러 방면에서 찾고 수정

해나가면 된다. 우리가 느끼는 작은 행복들이 이정표가 될 수도 있고, 우연히 마주친 한 사람이 삶의 행로를 바꾸어놓는 영향력을 발휘하기도 있다. 그렇기에 인생 로드맵은 지속적으로 수정하고 보완해나가는 일종의 '라이프 프로젝트'가 된다.

직장 일과 육아와 나 자신에 대한 생각으로 가득 차 몸도 마음도 지쳐버렸던 어느 날 새벽, 나는 내가 원하는 것을 적어보기 시작했다.

1. 언제나 스스로를 사랑해주는 사람 되기

2. 아이들에게 좋은 엄마 되기

3. 사랑스러운 아내 되기

4. 세상의 많은 곳을 여행하기

5. 내 집 마련하기

6. 상가 매수하기

7. 외국어 배우기

8. 부모님께 효도하기

9. 사람들의 삶에 행복을 주는 사람 되기

10. 불우한 환경의 아이들을 돕는 재단 만들기

인생 로드맵을 어렵게 생각하지 말자. 위의 예시처럼 자신이 도달하고 싶은 목표를 생각나는 대로 적은 후 순위를 매긴다. 그리고 아래와 같이 이 내용을 좀 더 구체화하고 언제까지 이룰지 그 기한을 적으면 된다. 여기에는 소요 액수도 꼭 함께 적어 본다. 예를 들어 나는 내가 적은 5번 문항을 이렇게 정리했다.

진행 상황	내가 바라는 것	구체적인 방법	준비 (소요 금액)
완료	5. 내 집 마련하기	1) 서울에 아파트 갖기 2) 나만의 서재 꾸미기	1) 79제곱미터·106제곱미터 아파트 구입 (○○○원) 2) 책상·책꽂이 알아보기 (○○○원)

처음 내 집 마련 계획을 세웠을 때는 낡은 빌라에 살고 있었다. 하지만 이렇게 계획을 세운 후에는 직장과 아이들 상황을 고려해 적합한 지역을 알아보고, 시세와 수요 등을 조사했으며, 그에 맞는 저축액과 대출 금액을 계획했다. 저축액을 늘리기 위해 절약을 하면서 마침내 작은 내 집을 마련할 수 있었다.

진행 상황	내가 바라는 것	구체적인 방법	준비 (소요 금액)
진행 중	6. 상가 매수하기	1) 상가 주택 매수하여 임대 소득 200만 원 이상 얻기 2) 상가 리모델링으로 가치 상승시키기	1) 상가 공부하기, 세미나 참석 (○○○원)

나는 직장에서 얻는 근로 소득 외에도 아바타 소득을 얻기 위해 임대 소득을 얻을 수 있는 상가를 알아보기 시작했고, 상권을 공부하기 위해 관련 세미나에 등록했다. 주변에 상권을 유심히 살피고 조사하여 결국 상가 주택을 매수하게 되었다.

진행 상황	내가 바라는 것	구체적인 방법	준비 (소요 금액)
1) 완료 2) 진행 중 3) 진행 중	9. 사람들의 삶에 행복을 주는 사람 되기	1) 자기계발 책 쓰기 2) 여행 작가 되기 3) 동기 부여·라이프 코치 되기	1), 2) 글쓰기 강의 등록 (○○○원) 3) 동기 부여 세미나 참석 (○○○원)

아직 진행 중인 꿈이지만, 나는 사람들의 삶에 행복을 주는 사람이 되고 싶다. 나 역시 끊임없이 괜찮은 척 강한 척했지만, 내면에서는 거친 파도가 일어 매 순간 흔들리고 있었다. '내 인생의 진짜 의미와 행복이 무엇인가'를 찾아가는 과정에서 끊임없이 고통을 받아야 했다.

나는 '진짜 나'를 찾고 싶었다. 어쩌면, 이렇게 나 자신이 힘들고 혼란스럽고 고통스러운 시간을 지나왔기에 사람들을 조금 더 깊게 이해할 수 있게 되었는지 모른다. 그리고 내가 얻은 깨달음을 바탕으로 사람들이 내면의 행복을 얻고 자신의 삶을 일으켜 세울 수 있도록 도움을 주고 싶다는 바람을 갖게 되었다.

그렇게 나 스스로를 돕고 다른 사람들에게 도움이 되기 위한 첫 단계로 자기계발서를 써야겠다는 생각을 했다. 그래서 퇴근 후 들을 수 있는 글쓰기 강좌에 등록했다. 주말에는 출간 강연회에도 참석했다. 마침내 용기를 내어 출판사에 출간기획서와 함께 원고를 보냈고, 비로소 이 책을 쓰게 되었다.

부족한 점이 많지만, 내 꿈을 향한 여정은 여전히 진행 중이다. 그리고 모든 표에는 '진행 상황' 칸을 만들어 꿈의 로드맵을 관리하고 있다. 그저 스쳐 지나가는 생각일지 모르지만, 결국 지금 당신이 마음속에 그리는 계획은 모든 것의 시작이 될 것이며, 또한 그 끝이 될 것이다. 모든 짐을 내려놓고 진정 자신이 원하는 것이 무엇인지 적어보는 용기를 내길 바란다. 그때 부와 행복이 함께 따라오게 된다. 나의 계획이 당신의 삶에도 작은 영감이 되길 바라는 마음으로 나의 인생 로드맵을 공유해본다.

진행 상황	내가 바라는 것	구체적인 방법	준비 (소요 금액)
	1. 언제나 스스로를 사랑해주는 사람 되기	1) 나 자신의 단점보다 장점을 보기 2) 남들의 시선을 의식하지 말고 내가 행복한 일을 하기 3) 꾸준히 운동하고 스트레스 관리하기	1) 혼자만의 시간 갖기, 나만을 위한 여행 (○○○원) 2) 독서하기 (○○○원) 3) 매달 요가·헬스장 등록 (○○○원)
	2. 아이들에게 좋은 엄마 되기	1) 아이들의 타고난 재능을 찾고 살려주기 2) 아이들과 함께 여행하기 3) 아이들과 추억 만들기	1) 아이들과 여러 가지 체험활동 해보기 (○○○원) 2) 아이가 하고 싶다고 하는 것 시켜주기 - 미술·음악·스포츠 등 (○○○원)
	3. 사랑스러운 아내 되기	1) 상대방의 장점을 보기 2) 한 달에 한 번 영화 보기, 함께 여행하며 좋은 추억 쌓기	1) 함께 여행 계획 세우기 (○○○원) 2) 함께 영화관이나 공연 가기 (○○○원)
1) 완료 2) 진행 중 3) 진행 중	4. 세상의 많은 곳을 여행하기	1) 하와이 여행 가기 2) 발리에서 한 달 살아보기 3) 뉴질랜드의 자연 풍경을 직접 찍어 사진 앨범 만들기	1) 하와이 여행 (○○○원) 2) 발리 한 달 생활비 (○○○원) 3) 사진 기술 배우기 (○○○원)

완료	5. 내 집 마련하기	1) 서울에 아파트 갖기 2) 나만의 서재 꾸미기	1) 79제곱미터·106제 곱미터 아파트 구입 (○○○원) 2) 책상·책꽂이 알아보 기 (○○○원)
진행 중	6. 상가 매수하기	1) 상가 주택 매수하여 임 대 소득 200만 원 이상 얻기 2) 상가 리모델링으로 가 치 상승시키기	1) 상가 공부하기, 세미 나 참석 (○○○원)
진행 중	7. 외국어 배우기	1) 이탈리아어 인터넷 강 의 듣기 3) 중국어 학원 다니기	1) 인터넷 강의 신청하 기 (○○○원) 2) 교재 사기 (○○○ 원)
1) 진행 중 2) 완료	8. 부모님께 효도 하기	1) 강원도에 전원주택 사 드리기 2) 부모님 해외여행 시켜 드리기	1) 전원주택 구입 비용 알아보기 (○○○원) 2) 여행 경비 알아보기 (○○○원)

1) 완료 2) 진행 중 3) 진행 중	9. 사람들의 삶에 행복을 주는 사람 되기	1) 자기계발 책 쓰기 2) 여행 작가 되기 3) 동기 부여·라이프 코치 되기	1), 2) 글쓰기 강의 등록 (○○○원) 3) 동기 부여 세미나 참 석 (○○○원)
1) 완료 2) 완료 3) 진행 중	10. 불우한 환경 의 아이들을 돕는 재단 만 들기	1) 후원 재단에 가입하기 2) 아이들에게도 그 취지 를 설명해주고 함께 자 원 봉사하기 3) 재단 설립하기	1) 유니세프 등 재단 가 입비 (○○○원) 2) 홀트 재단 봉사 (○○ ○원)

돈과 건강은
늘 함께한다

"운동이요? 운동할 시간이 어디 있어요? 잠잘 시간도 부족한걸요. 잠 한번 실컷 자보는 게 소원이에요."

아이 엄마들이 자주 하는 말이다. 엄마들은 아이가 울어 잠도 잘 못 자고, 아이를 돌보느라 운동할 시간도 없다. 아이가 조금 컸다고 하더라도 여전히 손이 많이 가고, 남편 뒷바라지를 하느라 자신의 건강은 돌볼 생각을 하지 못한다. 그러다 결국 허리 디스크, 목 디스크, 손목 터널 증후군 등으로 고생하는 엄마들이 너무나 많다.

엄마들은 대부분 만성 피로를 안고 산다. 그리고 일부는 질병으로 휴직하거나 직장을 그만두기도 하고, 몸의 통증으로 마음의 병까지 얻으면서 우울증이 생겨 병원에 다니기도 한다. 이렇게 되면 목표한 돈을 모으기도 전에 그동안 모아둔 돈마저 잃게 된다.

지인 중에 정신력이 엄청나게 강한 분이 있다. 젊은 시절부터 독하게 마음을 먹고 직장에 다니면서 야간 대학원을 다녔고, 논문을 쓰느라 수없이 밤을 새우기도 했다. 직장에서는 팀장으로서 온갖 스트레스를 받으며 성공의 사다리를 오르고 있었다. 종종 머리가 어지럽기도 하고 무기력감을 느끼기도 했지만, 병원에 갈 시간이 어디 있냐고 생각하며 더더욱 자신을 몰아붙였다. 마침내 더 넓은 집으로 이사도 가고, 직장에서도 성공한 임원이 되었다. 그런데 어느 날 갑자기 쓰러져 수술을 받게 되었다. 결국, 돈도 성공도 모두 물거품이 되었다.

돈 관리보다 더 중요한 것이 바로 '건강 관리'이다. 건강하지 못하면 돈을 많이 벌 수도 없고, 건강이 상했는데도 간신히 참고 돈을 벌다가는 언젠가 그 돈마저 모두 물거품이 되어버리는 날이 올 수도 있다.

돈과 건강은 우리 삶에서 빼놓을 수 없는 핵심 키워드이다. 그리고 이 둘은 늘 함께 한다. 더 많은 돈을 벌고, 번 돈을 유지하고, 그 돈을 행복하게 쓰고 싶다면 반드시 건강에 가장 큰 관심을 쏟아야 한다. 건강하면 돈도 저절로 따라오기 때문이다.

튼튼한 몸이 만드는 튼튼한 마음

자신의 건강을 챙기지 못한다는 건, 지금 자신의 삶을 충분히 돌보지 못한다는 것을 뜻한다. 그리고 자신의 삶을 돌보지 못한다는 것은 곧 삶의 통제력을 잃었음을 의미한다. 자신을 챙길 시간을 내지 않으면 돈이 따라오지 않는다. 생각해보자. 자신의 시간을 스스로 통제하며 주도적으로 살지 못한다면 더 큰돈을 벌 수 있는 추진력이나 아이디어가 떠오르기 어렵고, 결국 수입을 늘리는 일 또한 요원해진다. 건강과 돈은 그렇게 직접적으로 영향을 주고받는다.

친한 친구 중 한 명은 아이를 낳고 다이어트를 하기로 결심했는데, 계속 엄마를 찾는 아이로 인해 아이가 잠든 새벽 5시에 헬스를 끊었다. 그런데 몇 달 후 만난 친구는 오히려 전보다 더 살쪄 있었다. 운동은 이미 그만둔 지 오래라며 그 이유에 대해 이렇게 답했다.

"어느 날 운동하고 집에 왔는데 아기가 일어나서 울고 있지 뭐야. 너무 불쌍한 거 있지. 남편도 아이가 우는 바람에 새벽에 깨서 피곤했는지 그냥 그만두라고 하더라고."

　사랑하는 아이와 남편 때문에 새벽 운동을 그만두었다는 친구의 말에 왠지 아쉬움이 들었다. 본인에게는 충분히 정당한 이유였는지도 모르지만, 어쩐지 자신의 게으름에 굴복해버린 듯했기 때문이다. 아이는 이제 초등학생이 되어 더 이상 새벽에 깨서 울지 않지만, 그녀는 새벽 운동을 다시 시작하지 않았다.

　얼마 전 '다산 맘'으로 알려진 개그우먼 김지선 씨의 인터뷰를 보았다. 김지선 씨는 단지 몸무게를 줄이기 위해서가 아니라, 건강을 지키고 몸매를 만들기 위해서 운동을 했다고 밝혔다. 네 아이가 시도 때도 없이 엄마를 찾는 통에 오후나 저녁에는 집을 비울 수 없어 매일 새벽 5시에 운동을 시작했다고 한다. 그렇게 그녀는 헬스 트레이너 자격증까지 땄다. 그녀는 일상에서 틈틈이 운동을 시작하면 누구의 엄마, 누구의 아내가 아닌, 여자로서의 모습을 찾을 수 있다고 강조했다.

　건강과 돈은 그것을 얻는 과정마저도 비슷하다. 피곤하다고 소파에 누워서 시간을 보내고, 먹고 싶은 것을 통제하지 않고 다 먹고, 스트레스를 받았다고 폭식과 폭음을 하면 건강을 잃는다. 돈도 마찬가지이다. 쓰고 싶다고 빚을 내어 쓰고, 화가 난다고 남을 탓하며 돈을 쓰고, 우울하다고 과소비를 하면 돈은 절대 모이지 않는다. 돈과 건강 모두 자신을 끊임없이 돌보고 사랑해줘야만 모인다.

따라서 더 많은 돈을 벌고 싶다면, 오늘부터 내 삶에 에너지와 활력을 가져다줄 건강에 더더욱 신경을 써야 한다. 건강한 몸은 굳건한 정신력과 실행력을 만들고 그것이 곧 '돈을 창출하는 근육'이 된다. 돈과 건강은 항상 함께 한다는 것을 반드시 명심하자.

엄마로서의 의무감이 일상을 짓누를 때 하는 기도

살다 보면 어느 순간 너무 지치고 힘들어 더 이상은 아무 일도 할 수 없을 것 같을 때가 있다. 밖은 너무나 고요하고, 귀엽고 사랑스러운 아이들은 곤히 잠들어 있고, 남편도 옆에서 깊은 잠을 자고 있는데도 내 곁에는 아무도 없는 것만 같은 밤, 그럼에도 그 어느 곳에서도 마음껏 흐느낄 수조차 없다는 사실을 깨닫고 나면 한없이 힘겨워진다.

나 역시 지금까지 수없이 외로움, 슬픔, 두려움, 혼란 등을 느껴왔다. 내 안에서 점점 커지는 세속적인 욕심으로 인해 중심을 잃고, 내가 진정으로 원하는 것이 무엇인지 알지 못해서 방황하기도 했고, 반복되는 일상 속에서 인생의 의미를 찾지 못해 헤매기도 했다. 해맑고 귀여운 아이들의 엄마가 되었지만, 그 무거운 책임감과 의무감에 짓눌려 혼란스럽기도 했다. 그런데 나이가 들수록 더욱 무겁고 어렵고 새로운 문제들이 나를 찾아왔고, 그것들 때문에 고민하느라 뜬눈으로 밤을 지새우기도 했다.

아이를 어린이집에 맡기고 직장을 다니면서 워킹맘으로 최선을 다하며 하루하루를 버티던 어느 날, 대학병원 응급실에서 아이가 다쳤다는 전화가 왔다. 어린이집에서 다쳐 이마를 꿰매야 한다는 것이었다. 어린이집 원장 선생님에게 전화를 받고 응급실에 가는 내내 눈물이 났다. 다행히 수술은 잘되었지만, 아직도 아이의 이마에는 흉터가 남아 있다.

매일 밤 아이에게 흉터를 없애주는 연고를 발라줄 때마다 마음이 너무나 아팠다. 어린이집 선생님이 원망스러운 동시에 나 자신을 탓하지 않을 수가 없었다. '내가 아침 일찍 아이를 억지로 어린이집에 데려다주지 않았더라면, 아침이라도 든든하게 잘 먹여서 보냈더라면, 아이가 넘어지지 않았을 텐데……'라는 생각에 자책감은 점점 더 심해졌다.

그러다 어느 순간 나의 내부와 외부에서 일어나는 문제는 삶이라는 과정에서 끝없이 발생되는 것임을 받아들이게 되었다. 따라서 지치고 힘든 그 순간 가장 필요한 일은 바로 '나 자신을 먼저 돌보는 것'임도 알게 되었다. 그때부터 잠들기 전, 무거운 짐을 전부 내려놓기 위한 기도를 하기 시작했다.

"주님, 제 마음속 근심과 걱정을 내려놓을 수 있도록 허락해주옵소서. 제 마음속에 일어나는 격한 파도와 폭풍우를 잠재울 수 있는 고요하고 평온한 순간을 허락해주옵소서."

그 후부터 나는 원치 않은 일이 생길 때면 항상 기도하고 잠든다. 그러고 나면 밤사이 어떠한 신비한 힘에 의해 내적 문제와 외적 문제가 모두 해결되리라는 믿음이 생긴다.

이제 나는 더 이상 고민을 짊어진 채 잠을 포기하며 스스로와 씨름하지 않는다. 힘들 때 누군가의 위로를 갈구하며 눈물만 흘리고 있지도 않는다. 과거에는 마치 문제를 내려놓고 잠든다는 것이 전쟁에서 후퇴하는 것인 양 느껴지기도 했다. 그러나 이제는 문제를 접고 잠드는 건, 전열을 가다듬고 보강하는 소중한 과정임을 잘 알고 있다.

엄마로서의 삶이 너무나 무겁고 힘겨울 때 당신도 종교와 무관하게 '내려놓기 위한 기도'를 꼭 해보길 권한다. 나의 침대 맡에는 언제나 라인홀드 니부어의 〈마음의 평정을 위한 기도〉가 놓여 있다.

주여, 제가 바꿀 수 없는 것을 받아들일 수 있는 평정을 주시고,
변화시킬 수 있는 것을 변화시킬 수 있는 용기를 주시고,

이 둘을 분별할 수 있는 지혜를 주소서.

하루하루를 살게 하시고,

순간순간을 누리게 하시고,

고통을 평화로 이르는 길로서 받아들이게 하시고,

죄악으로 가득 찬 세상을 제 방식이 아닌 당신처럼 있는 그대로
받아들이게 하시고,

내가 당신 안에 살면, 당신께서 모든 것을 바르게 세우실 것임을
믿게 하셔서

이곳에 사는 동안 사리에 맞는 행복을 저곳에서 당신과 함께 영원
토록 온전한 행복을 누리게 하소서.

10분 경제 신문 읽기로
투자 근육을 키우자

어머니 친구 중에 재개발 지역에 작은 빌딩을 소유하신 분이 있다. 젊은 시절에 그 빌딩의 지하에서 공장을 운영하셨는데 당시 빌딩 주인이 돈이 급해 빌딩을 급매로 내놓았고, 공장을 지켜야겠다는 생각에 돈을 끌어모아 빌딩을 산 것이다. 수년이 지난 후 그곳이 재개발 지역이 되면서 그 빌딩은 20억 원의 가치를 갖게 되었다. 또 다른 지인은 친언니가 특정 지역의 분양권을 사두면 좋다고 하여 덩달아 사두었다가 몇 억의 프리미엄이 붙기도 했다.

어떤 사람들은 부동산에 대해 특별히 관심을 갖지도 않았고,

특별한 조사도 없이 단지 지인의 말만 듣고 결정하였는데도 운이 따라주어 하루아침에 부자가 되기도 한다. 하지만 그런 행운은 누구에게나 찾아오는 것은 아니다. 그리고 그렇게 얻은 부는 더 이상 커지기가 어렵다. 즉, 부를 지키고 늘리는 데에는 반드시 노력이 필요하다.

나 역시 그런 사람들의 행운을 부러워한 적이 있다. 하지만 행운에 기대기보다는 나의 노력과 신념을 믿고 한 걸음씩 나아갔고, 지금은 그런 나 자신이 자랑스럽다. 어쩌면 당신에게도 어느 날 갑자기 행운이 찾아올지도 모른다. 하지만 분명한 것은 그런 행운은 인생의 보너스일 뿐, 스스로 부의 그릇을 넓히기 위해 끊임없이 노력하지 않으면 부는 그저 스쳐 지나간다는 사실이다.

지난 15년간 부동산 투자를 하며 많은 사람을 만나면서 깨달은 점이 있다. 바로 부동산으로 큰 부를 이루고 성공한 인생을 사는 사람들은 모두 시장의 흐름을 끊임없이 주시하고 열심히 연구하며 '꾸준히 준비를 해왔다'는 점이다.

내가 가장 존경하는 인물 중 한 분인 발레리나 강수진 씨는 중학교 1학년인 다소 늦은 나이에 발레를 시작했지만, 최고의 발레리나가 되었다. 그녀는 인터뷰에서 후배들을 위한 첫 번째 조언으로 이런 말을 했다.

절대 남을 모방해서는 안 돼요. 어떤 작품이든 자기 색깔을 찾고 새롭게 자기 것으로 만드는 게 중요해요. 꾸준히 연습을 해야 하고요. 공연을 앞두고 '벼락치기' 하듯 연습하면 부상만 당해요. 평소 기초를 튼튼히 갖춰놔야 어떤 작품이든 소화할 수 있어요.

경제적 자유를 이루고 싶다면 남의 말만 믿고 따르는, 소위 '묻지 마 투자'를 하지 말아야 한다. 벼락치기가 아니라, 꾸준한 연습으로 자신의 실력을 갈고닦아야 한다. 부와 성공을 원한다면, 지금도 발레의 기초 동작을 하루도 빠짐없이 연습한다는 강수진 씨처럼 우리도 경제의 가장 기본적인 정보를 알려주는 '경제 신문'을 매일 꾸준히 읽어야 한다. 경제 신문은 지금 현재의 트렌드와 미래의 동향을 알려주는 가장 중요한 단서이기 때문이다. 경제에 대한 기본 지식이 없다면, 경제적 자유를 위한 결정을 선뜻 내릴 수 없게 된다.

김미경 강사는 한 강연에서 여자의 삶 전체를 바라보면 결국 영원한 전업주부도, 영원한 워킹맘도 없다고 말했다. 집에서 십여 년 이상 아이들을 돌보다가도 어느 날 불현듯 남편이 은퇴해 본인이 가정의 생계를 이끌어야 될 수도 있고, 워킹맘으로 지내다가도 아이 문제로 전업주부가 되기도 한다. 그렇기에 언제 어떻게 자신의 처지가 변할지 모르는 여자의 삶에서 가족과 본인 스스로를 지키기 위해서는 꾸준히 경제 지식을 쌓고 능력을 기르는 노력이 반드시 필요하다.

하루 10분만 투자해도 자신감이 생긴다

부모님의 지인 중에 많은 자산을 보유하고 계신 분이 있는데, 얼마 전 저금리에 대한 기사와 경기가 더욱 악화되리라는 전망에 대한 기사를 읽고 추가로 금을 사셨다. 한 친구는 환율 동향에 대한 기사를 지속적으로 읽더니 자신의 외화 예금에 돈을 넣고 빼고 하면서 수익을 올렸다. 부동산 투자에 관심이 많은 내 동생은 GTX(수도권광역급행철도)에 대한 기사를 읽으면서 투자 지역 상황을 꾸준히 검토하고 있다.

과거에 나는 비서실에서 근무했었는데, 그때 발견한 한 가지 사실이 있다. 바로 임원들 모두 경제 신문을 하루도 빠트리지 않고 읽을 뿐 아니라, 경제 잡지까지 구독하여 읽는다는 사실이다. 경제 신문은 한 달 구독료가 테이크아웃 커피 몇 잔 값이다. 이렇게 적은 돈으로 가격 대비 최고의 정보를 얻을 수 있고, 이를 잘 이용하고 분석하면 당신에게 수익까지 안겨준다.

하지만 막상 경제 신문을 보려고 하면 지루하고 어렵고 딱딱

한 느낌이 들 것이다. 일반 신문의 사회면에는 눈길을 끄는 감동적인 스토리나 충격을 주는 심각한 사건 기사도 많이 실린다. 갑론을박하는 정치 기사도 많아 계속 읽다 보면 드라마를 보듯 흥미가 가기도 한다.

반면 경제 신문 기사는 재미없는 정보가 주를 이루고, 몇 장을 넘기면 복잡한 수치와 통계치에다 어려운 경제 용어까지 등장한다. 이러니 경제 신문을 피하는 게 전혀 이해가 안 되는 건 아니다.

경제 신문을 읽지 않고 시장의 상황을 파악할 수 있는 더 좋은 방법이 있을까? 안타깝게도 그런 건 없다. 그렇다면 처음에 부담 없이 경제 신문을 접할 수 있는 방법은 무엇일까?

간단하고 쉽게 접근하기 위한 방법으로 경제 신문 입문자를 위한 '하루 10분 신문 읽기' 방법을 정리해보았다. 준비물도 많이 필요 없다. 경제 신문, 형광펜, 칼, 경제 신문 정리 노트만 있으면 된다. 바쁜 엄마들에게 최적화된, 경제 신문을 읽는 노하우를 공유한다.

① 헤드라인만 읽는다

처음부터 끝까지 신문 기사의 모든 글씨를 읽겠다는 생각부터 버려야 한다. 심지어 경제 전문가도 그렇게 하지는 않는다.

우선 첫 장부터 넘기면서 헤드라인만 읽자. 모르는 내용이 나오더라도 헤드라인을 읽으며 한 장씩 편안한 마음으로 넘기다가 관심 있는 제목이 나오면 형광펜을 꺼내 큰 동그라미로 표시한다. 나는 주로 '부동산·대기업 동향·금리'에 관한 기사를 본다. 그리고 사설이나 칼럼 중 눈길을 끄는 제목 한 개에 표시를 해둔다.

② 노트에 기사를 스크랩한다

칼을 들고 형광펜으로 표시한 기사를 자른다. 그리고 '경제 신문 정리 노트'에 그 기사를 붙이고 그 아래 기사의 헤드라인을 적는다.

③ 기사를 속독한다

스크랩한 기사 두 개를 속독한다. 10분 정도면 오려둔 신문 기사 두 개는 충분히 읽을 수 있다.

④ 한 줄로 요약해본다

마지막으로 경제 신문 정리 노트에 그 기사의 핵심을 한 줄로 요약해본다.

나는 이렇게 월요일부터 금요일까지 헤드라인 위주로 읽고
스크랩하여 부동산·대기업 동향·금리 위주로 경제 신문 정리
노트에 기록해왔다.

또한 토요일은 신문을 버리는 날로 지정한다. 신문은 절대로
오래 쌓아두지 않도록 한다. 내 경험상 읽지 않고 쌓아두는 신
문은 심리적으로 큰 스트레스를 준다. 무조건 토요일이나 일요
일 오전에는 신문을 버린다. 마지막으로 버리기 전에 다시 한
번 살펴볼 시간이 있다면 좋겠지만, 그렇지 않더라도 과감하게
버리는 게 좋다.

못 읽고 버려지는 신문을 보면 아까울 것이다. 그렇지만 그다
음 주에는 아까워서라도 꼭 읽어야겠다는 생각이 들 것이다. 신
문을 읽는 목적은 현재의 경제 동향을 파악하기 위해서이다. 지
난 신문을 쌓아두고 읽는 것은 심리적인 부담을 안겨줄 뿐만 아
니라, 새로운 정보가 아닌 과거의 정보를 읽게 되는 의도치 않

은 효과를 낳는다. 무엇보다도 주요 동향은 매일 반복되므로 며칠 신문을 읽지 않는다고 해도 곧 동향을 따라잡을 수 있다. 그러므로 주말에는 과감하게 밀린 신문을 버리고, 다시 마음을 다잡도록 하자.

이렇게 하루 10분을 할애하여 주요 기사 한 개, 사설 한 개를 공략하자. 나중에는 더 관심이 가는 기사가 생길 수도 있고, 주말에도 계속 보고 싶어질 것이다. 어쨌든 중요한 것은 헤드라인을 읽고 관심 분야의 기사를 하루에 하나씩 '습관처럼' 읽는 것이다. 신문에 나오는 정보들은 최신 동향을 그대로 보여주며 헤드라인만으로도 핵심 메시지를 충분히 알 수 있다.

하루 10분 신문 읽기 습관을 들여 헤드라인을 꾸준히 살핀다면, 굵직한 금융 동향을 파악하는 날이 반드시 올 것이다. 신문 헤드라인의 경우 최신 동향이 반복적으로 나타나기 때문에 헤드라인 중심으로 정리를 하면 더 오랫동안 기사 내용을 기억할 수 있다. 신문 기사를 읽으면서 이렇게 부의 기초 체력을 쌓아가자.

나를 일으키는,
성장을 위한 독서법

사실 공부에는 여러 방법이 있지만 나는 '독서'만 한 것이 없다고 생각한다. 그런데 대부분의 엄마들에게 책을 읽느냐고 물으면 "책 읽을 시간이 어디 있어요?"라고 대꾸한다. 실제로 아이를 위해서는 각 성장 단계에 맞추어 고가의 전집을 주문하면서, 자신을 위해서는 책 한 권 사는 걸 아까워하는 엄마들도 많다.

엄마가 되고 나면 책 읽는 시간을 내는 게 어려운 것도 사실이다. 두 아이를 키우면서 직장 생활을 하는 나에게도 따로 책을 읽을 시간을 낸다는 건 매우 힘든 일이다. 특히 평일에는 퇴근 후에 집에 와서 아이들 숙제를 봐주다 보면 어느새 취침 시간이 된다. 받아쓰기나 만들기 같은 숙제를 도와주기가 부담스럽게 느껴지던 어느 날, 드디어 내가 좋아하는 숙제가 생겼다. 그것은 바로 '독서록 작성'이었다.

아이의 학교에서는 매일 아이들을 학교 내 도서관에 데리고 가서 책을 한두 권 대여하도록 한다. 아이들은 대여 도서를 읽고 그 내용을 두세 줄 정도로 간단하게 요약해야 한다. 50권의 독서록을 쓰면 선물을 받고 100권의 독서록을 쓰면 더 큰 선물을 받게 된다. 그 숙제를 귀찮아하던 아이도 독서가 습관이 되자 책 읽는 즐거움을 느끼게 되었고, 나 역시 잠들기 전에 누워서 아이가 빌려 온 책을 읽어주며 뿌듯함을 느꼈다.

책은 나에게 세상에서 가장 소중한 친구이자, 인생의 조력자이다. 살아가면서 어떤 문제를 해결해야 할 때 책을 읽으면 해답을 얻게 된다. 외로울 때 책을 읽으면 잃었던 소중한 친구가 나를 찾아와준 양 마음이 따뜻해진다. '도대체 어떻게 사는 게 맞는 걸까?'를 고민할 때 책은 '인생은 풀어야 할 숙제가 아니라, 즐겨야 할 행복한 여정'임을 일깨워준다. 바쁜 일상에서도 시간이 날 때마다 펼쳐보는 책은 나에게 휴식과 평안을 준다.

엄마들이 우울증에 걸리는 가장 큰 이유가 무엇일까? 아이가 태어났을 때의 행복은 이루 말할 수 없다. 그런데 말이 통하지 않는 아이와 온종일 함께 있다 보면 나와 대화하며 나를 이해해주고 공감해줄 수 있는 누군가가 필요해진다. 그러나 아이를 돌보느라 그나마 만나던 친구들도 보기 어려워지면서 자연스럽게 인간관계의 폭은 점점 좁아진다.

그래서일까? 아이를 낳고 나면, 그동안 소중했던 친구나 친한 선후배와의 관계는 소원해지고, 옆집이나 같은 동에 사는 아기 엄마들이 인간관계의 전부가 되어버린다. 하지만 단지 아이 이야기가 주를 이루는 관계 속에서 얼마나 큰 위안을 얻을 수 있을까? 분명히 많은 시간 이야기를 나눴음에도 이상하게 마음은 더욱 공허해진 채 돌아서는 경우가 더 많다. 이때 필요한 것이 바로 책이다.

엄마가 되면서 더 많은 감정을 느끼게 되고, 삶의 각 시기에 책이 주는 기쁨, 위로, 희망 등을 경험하면서 나는 점점 더 많은 책을 읽게 되었다. 그러면서 나만의 독서 노하우도 생겼다. 과거에는 책을 대여해서 읽는 것에 만족하기도 했지만, 어느 순간부터는 마음에 드는 책이 있으면 반드시 사서 내 것으로 소유하고자 하는 욕심이 생겼다. 그러면서 책을 고르고, 읽는 방법도 점차 다양해졌다.

그간의 경험을 바탕으로, 먼저 책을 고르는 노하우를 정리해 보았다.

세 가지 유형의 책을 골고루 섭렵한다

지금 아무리 바빠도 한 달에 반드시 세 권 이상의 책을 구매하여 읽도록 하자. 이때 세 종류의 책을 골고루 사도록 한다.

① 지식을 얻기 위한 책

이는 전문 분야와 관련된 책을 말한다. 영어 능력을 향상시키기 위한 영어 학습 책, 마케팅에 관심이 있다면 마케팅 기법, 블로그 운영법 등과 관련된 책을 택한다. 운동에 관심이 있다면 스트레칭, 홈 피트니스 관련 책을 사고, 요리에 관심이 있다면 요리법을 다룬 책을 선택한다. 이처럼 자신의 관심 영역과 관련된 책으로 시작해 점차 범위를 넓혀가면서 책을 선택한다.

② 이익을 얻기 위한 책

삶에서 직접적으로 활용하여 눈에 보이는 이익을 얻을 수 있는 정보를 담은 책을 말한다. 예를 들면 재테크와 같은 자산 관리 책이나 아이와의 대화법 등 나에게 필요한 지식을 주는 책이 이에 속한다.

나의 경우, 투자를 시작하면서부터 재테크와 관련된 신간은 나오는 대로 거의 다 읽었다. 돈이나 재테크에 막연한 공포가 있는 엄마들에게 내가 추천하고 싶은 도서는 『부자 아빠 가난한 아빠』, 『보도 섀퍼의 돈』, 『세상 모든 왕비를 위한 재테크』이다. 재테크 도서는 단순히 투자 방법을 전하기도 하지만, 부가 우리의 삶에서 어떤 역할을 하는지, 즉 부에 대한 전반적인 가르침을 준다.

③ 심장을 뛰게 하는 책

심장을 뛰게 하는 책은 '가슴을 두근거리게 만드는 책'과 '가슴을 울리는 책'으로 나뉜다. '가슴을 두근거리게 하는 책'은 장기적으로 나의 삶을 바라볼 수 있게 하고, 나에게 비전을 줄 수 있는 책을 말한다. 예를 들어, 인생의 후반기에 세계 여행을 통해 삶의 기쁨을 발견한 린 마틴 부부의 『즐겁지 않으면 인생이 아니다』를 읽을 때마다 가슴이 뛴다. 이렇게 자신의 심장을 뛰게 하는 책을 보면, 꿈꾸는 삶을 더욱더 구체적으로 그리게 되면서 꿈을 펼칠 수 있는 길도 찾게 된다. 그리고 자신의 꿈을 위한 '멘토'를 발견하기도 한다. 나는 그런 저자를 찾으면 그 저자가 쓴 책을 모두 구입하여 읽는다.

한편, '가슴을 울리는 책'은 나의 마음을 위로해주고 나의 영혼을 달래주는 책을 말한다. 워킹맘이었던 나는 아이를 양육하는 과정에서 여러 가지 어려움을 겪었다. 특히 내 인생과 아이 인생의 균형을 유지하는 방법에 대해 고민이 많았다.

엄마가 되기 전에는 수많은 예화를 들으며 어머니는 자식을 위해 무조건 희생해야 하고, 자식의 성공이 곧 어머니의 성공이라고 믿었다. 실제로 내 어머니도 어려운 가정 형편 속에서 나와 동생을 위해 한평생 노력하고 희생하셨기에 나도 크면 자연스럽게 그런 어머니가 될 줄 알았다.

그런데 나는 엄마가 되었는데도 여전히 '나'를 포기할 수 없었다. 물론 아이와 놀아주고, 건강에 좋은 음식을 먹이고, 아이에게 좋은 교육을 시켜주고 싶은 것 또한 나의 욕망이었지만, 나는 나의 존재와 아이의 존재를 일치시킬 수가 없었다. 아이만 바라보며 살았다고 치자. 실제로 아이가 대성한다고 해서 과연 나도 성공한 것처럼 느낄 수 있을까? 과연 나는 아이를 위해 내가 하고 싶은 것을 다 포기하며 살 수 있을까?

많은 시간이 흘렀지만, 아직도 나는 내 아이의 삶과 내 삶을 동일시할 생각이 없다. 나는 아이의 삶은 아이의 삶 자체로 인정하고, 내 삶은 내 삶 자체로 인정하는 엄마가 되고 싶다.

남편 역시 가정과 아이들을 위해 희생만 하는 삶을 살게 하고 싶지 않다. 남편도 자신의 삶을 즐길 수 있기를 바라고, 남편에게만 무거운 짐을 안기고 싶지 않다. 아이가 공부를 못해도 기러기 아빠는 만들고 싶지 않다. 학군이 안 좋아도 가족이 지방으로 가야만 한다면 같이 갈 것이다.

혼란스러울 때마다 나의 마음을 위로해주었던 책은 연세대 소아 정신과 신의진 교수의 『나는 아이보다 나를 더 사랑한다』였다. 그녀의 또 다른 책 『대한민국에서 일하는 엄마로 살아간다는 것』을 읽을 때는 눈물이 앞을 가렸다. 책에는 직장과 육아를 병행하면서 지쳐가던 신의진 교수의 심정이 이렇게 묘사되어 있다.

나는 더 이상 아무 말도 할 수 없었다. 사람 한 명 지나가지 않는 드넓은 사막에 아이와 나만 내던져진 것 같았다. 그냥 이 힘든 걸 받아들여야 하는 거구나. 무거운 책임감과 두려움, 억울함, 그리고 외로움이 한꺼번에 몰려왔다.

신의진 교수는 엄마니까 그저 견뎌내야 한다고 말하지 않는다. 자신을 우선시하는 것이 이기적이라고 비난하지도 않는다. 나는 신의진 교수의 책을 읽으면서 나 자신을 위로했고, 내 마음속에 있던 죄책감을 이겨냈고, '엄마 이지영' 대신 '인간 이지영'이라는 존재로 살아갈 용기를 낼 수 있었다.

어쩌면 엄마들이 읽어야 하는 책 중 가장 필요한 건 '가슴을 울리는 책'일지도 모른다. 이 책들은 우리가 겪는 내면의 고통을 보듬어주기 때문이다. 당신이 만약 지금 힘들다면 반드시 가슴을 울리는 책을 찾아야 한다. 그 책을 찾아 자기 것으로 만들 때, 비로소 마음속 깊이 숨어 있는 영혼의 목소리를 듣게 될 것이다.

책과 대화하는 아주 특별한 방법

이제부터는 책을 읽는 방법에 관해 이야기해보도록 하겠다. 책을 읽는 방법 또한 그 책이 어떤 책인가에 따라 달라진다.

먼저 지식을 얻기 위한 책과 이익을 얻기 위한 책을 읽을 때는 반드시 포스트잇과 펜을 준비한다. 중요 부분에 줄을 긋고 포스트잇으로 표시해놓아야 하기 때문이다. 그리고 '분야별' 독서 노트에 줄을 친 내용을 정리한다. 포스트잇으로 주요 부분을 표시하면 나중에 핵심만 골라 읽을 수 있어 편하고, 노트에 핵심 요약을 정리해두면 나중에 자신의 전문 분야에 대한 글을 쓸 때도 도움이 된다.

또한 지식을 얻기 위한 책과 이익을 얻기 위한 책의 경우, 독서 모임을 만들어 토론 활동을 하면 전문성을 키우는 데 유용하다. 친한 친구와 함께 그 책을 읽고 서로 배운 점을 이야기하는 시간을 가져보자. 이렇게 '독서 친구'를 만들면 그 책의 내용을 함께 나눌 수 있을 뿐 아니라, 내용을 말로 정리하는 과정에서 책을 통해 얻은 지식을 자기화할 수 있다.

심장을 뛰게 하는 책과 관련해서는 나에게 다소 독특한 독서법이 있다. 마치 소중한 친구와 오후에 카페에서 아름다운 음악을 들으며 조용히 이야기를 나누듯이 읽는다. 먼저 책 앞부분에 마치 일기를 쓰듯 '20××년 ×월 ×일'이라고 날짜를 기입한다. 그리고 이 책을 고르게 된 동기 또는 계기, 이 책을 읽는 심정을 간단하게 포스트잇에 적어서 붙인다. 때로는 책을 읽으면서 갖게 된 바람을 적기도 한다.

예를 들면, 다카하시 아유무의 『패밀리 집시』라는 책의 앞부분에는 이렇게 쓰여 있다.

점심시간에 혼자 회사 근처에 있는 영풍문고에 들렀다. 회사 생활이 그저 답답하게 느껴지고 어디론가 떠나고 싶다는 생각으로 가득하다. 서점을 둘러보다가 나도 모르게 여행 책자 코너로 향했다. 『패밀리 집시』라는 흥미로운 타이틀과 함께 귀여운 아기가 표지에 나온 이 책을 바로 집어 들게 되었다. 첫 페이지에는 세계 여행 지도가 그려져 있다. 책은 "만약 어떤 꿈이든 이루어진다면 무엇을 하고 싶어?"라는 저자와 아내의 대화로 세계 일주가 시작되었다고 말한다. '우리 네 식구도 언젠가 이렇게 멋진 세계 여행을 떠날 수 있다면 얼마나 좋을까?'라는 상상을 해본다.

나도 언젠가 세계의 아름다운 풍경과 아이들의 해맑고 순수한 모습을 찍은 사진이 담긴 여행 책자를 내고 싶다. 그리고 가족과의 세계 여행 과정에서 얻은 나의 경험과 생각을 적은 책자를 내고 싶다. 떠나고 싶다! -2014년 8월 20일

그리고 이 책을 두 번째로 읽을 때는 또 그다음 장에 이렇게 썼다.

진성이가 초등학교에 입학했다. 이번 달에 남편의 휴가에 맞춰서 아이와 함께 가는 여행을 계획하고 있다. 이 책을 펼치면서 휴가를 어디로 갈까 고민하고 있다. -2015년 3월 2일

신의진 교수의 책 『대한민국에서 일하는 엄마로 살아간다는 것』에는 나의 힘든 마음도 적혀 있다.

육아와 관련된 책을 검색하다가 우연히 이 책을 인터넷으로 주문했다. '대한민국에서 일하는 엄마로 산다는 것'이라는 제목이 참으로 마음에 와닿았다. 지하철에서 출근길에 가볍게 책의 앞부분

을 읽기 시작했다. 그런데 앞부분부터 갑자기 눈물이 나기 시작했다. 워킹맘이란 '죄책감에 가슴에 멍이 든 사람들'이라고 표현한 부분을 읽으면서 우리 아이 모습이 생각나고 내 모습이 생각나서 나도 모르게 눈시울이 붉어졌다. -2014년 6월 2일

다행히 우리 집에는 나의 이 부끄러운 일기 같은 메모를 읽는 사람이 없다. 그리고 사실 누군가가 읽게 되어도 크게 상관은 없다. 식구들도 내가 무슨 생각을 하는지, 내 바람이 무엇인지 더 잘 이해하게 될 테니까. 나 또한 가끔 책을 들춰볼 때면 그때의 나를 추억하게 되고, 현재 나의 모습을 다시 바라보게 된다.

심장을 뛰게 하는 책을 읽을 때, 나는 책 곳곳에 책과 나눈 대화를 쓰기도 한다. 중간중간 내 마음을 울리는 구절을 보면, 글자 위에 있는 여백에 나의 생각을 적어둔다. 그리고 그중에서도 특히 좋은 구절은 일기장에 적는다. 일기장에 내 심장을 뛰게 하는 부분을 적으면서 그 문장을 음미하고 또 음미한다. 그렇게 책과 대화를 나눈다. 그리고 이런 내용은 '저자별' 독서 노트에 따로 정리한다.

간혹 나는 책을 회사에서도 읽고 싶고 집에서도 읽고 싶어서 같은 책을 두 권 살 때도 있다. 존경하는 저자의 책은 마치 시리즈물을 모으듯, 절판된 책까지 중고로라도 산다. 또한 한국어판

과 영문판이 있으면 두 가지 버전을 다 산다. 예를 들면 『즐겁지 않으면 인생이 아니다』라는 책도 원서를 같이 주문했다. 『부자 아빠 가난한 아빠』 시리즈 역시 한국어판과 영문판을 모두 주 문했다. 아무래도 모두 갖고 싶은 욕심이 나기 때문이다.

내가 존경하는 백지연 아나운서의 책은 신간이 나오면 바로 산다. 2005년 출간된 『자기 설득 파워』는 절판되어 중고로 샀 다. 또 『한 번은 독해져라』라는 책을 통해 김진애 박사를 존경 하게 되면서, 그다음에 출간된 『사랑에 독해져라』도 나오자마 자 바로 주문했다. 그리고 김진애 박사가 쓴 책을 검색하다가 2013년에 쓴 『왜 공부하는가』도 구입해서 읽었다.

이렇게 내가 존경하는 저자인 멘토의 책을 저자별로 모아두 면 마치 그 멘토가 바로 옆에 있는 것처럼 느껴진다. 그들의 책 을 모두 사는 이유는 가르침을 하나라도 놓치고 싶지 않기 때 문이다. 물론 한 저자의 책을 보다 보면 비슷한 메시지가 반복 될 때도 있고, 영문판과 한국어판은 똑같은 내용이기도 하지만, 그럼에도 읽을 때마다 새로운 영감을 얻는다. 이렇게 모은 책은 나의 보물과도 같다.

나는 대한민국의 엄마들이 책을 통해 풍부한 지식을 쌓고, 실 생활에서 이익을 얻고, 심장을 뛰게 하는 경험을 하게 되길 바 란다. 멘토를 바로 옆에 두고 그 멘토를 닮아가는 자신의 모습

을 상상하길 바란다. 그리고 자신의 감정과 생각을 책의 앞 장
과 중간에 메모함으로써 자신만의 기록을 남길 수 있기를 바란
다. 책은 엄마인 당신에게 가장 소중한 친구이자 가장 소중한
스승이 되어주고, 마침내 당신에게 성공과 행복의 문을 여는 열
쇠를 건네줄 것이다.

돈 공부를 위한 책 리스트

그동안 책을 통해 경제 지식을 쌓아온 나는 주변에서 책을 추천해달라는 말을 많이 들었다. 그래서 지금까지 내가 읽어왔던 도서 중 나에게 크게 도움이 되었던 것들을 선정해보았다. 개인적인 의견으로 도서를 골랐다는 점을 꼭 고려해주셨으면 좋겠다.

여기에 다 언급하지는 못했지만, 여러 훌륭한 책들을 통해서 그동안 나는 지식뿐 아니라 인생을 당차게 살아갈 힘을 얻을 수 있었다. 30대의 나에게 그랬듯이 책이 당신에게 지나온 길을 돌아보고 앞으로 나아가야 할 길을 알려주는 나침반이 되어주길, 힘들 때 따뜻하게 보듬어주고 용기로 가슴을 채우는 소중한 친구가 되어주길 소망한다.

① 자기 확신·강점 발견 편

책 제목	추천 이유
『미라클 모닝』 (할 엘로드 저, 김현수 역, 한빛비즈, 2016)	아침을 통제하는 자가 인생을 통제한다는 글을 읽은 적이 있다. 이 책은 생산적이고 집중력 높은 하루를 만들기 위한 강력한 아침 습관을 배우고 실천할 수 있도록 돕는다. ▶ 자기 확신의 습관화
『아비투스』 (도리스 메르틴 저, 배명자 역, 다산초당, 2020)	인간의 품격을 결정하는 7가지 자본, 그리고 이를 활용하여 '원하는 모습의 나'로 사는 방법을 배울 수 있다. 부와 성공을 얻는 방향으로 나의 삶을 재설정해보자. ▶ 내 삶을 바꾸는 태도 공부
『리부트』 (김미경 저, 웅진지식하우스, 2020)	미래를 예측하기 어려운 혼란의 시기, 이 책은 근본적인 '위기'가 무엇인지 정확히 진단한다. 이뿐만 아니라, 스스로를 믿고 앞으로 나아갈 수 있는 아주 구체적인 방법을 담아 새로운 기회를 선점할 수 있도록 이끈다. ▶ 삶을 경영하는 방법 공부
『그대 스스로를 고용하라』 (구본형 저, 김영사, 2005)	누구에게나 변화의 시간이 온다. 이 책은 그저 수동적으로 살아가는 것이 아니라 자신의 진정한 모습과 마주하고 이를 통해 자신만의 길을 걸을 수 있도록 용기를 불어넣는다. ▶ 자기 강점 발견

책 제목	추천 이유
『당신의 무기는 무엇인가』 (브라이언 트레이시 저, 최린 역, 와이즈맵, 2018)	성공을 손에 넣기 위해 준비해야 할 것은 무엇일까? 나를 지키고 상대를 제압할 수 있는 무기는 무엇인지, 찾아낸 무기를 어떻게 활용할 수 있는지를 조목조목 알려준다. ▶ 비즈니스 전략 공부
『나는 4시간만 일한다』 (팀 페리스 저, 최원형, 윤동준 역, 다른상상, 2017)	현대인이 가장 원하는 삶은, 최대한 적게 일하고 내가 원하는 곳에서 사는 자유일 것이다. 일주일에 4시간만 일하는 저자의 사례를 통해 완전히 새로운 삶의 방식을 꿈꿔볼 수 있을 것이다. ▶ 자기 강점 강화

② 마인드·부의 법칙 편

책 제목	추천 이유
『부자 아빠 가난한 아빠 20주년 특별 기념판』 (로버트 기요사키 저, 안진환 역, 민음인, 2018)	현금 흐름 사분면(봉급 생활자·자영업자·사업자·투자가)의 개념에 대하여 설명하고, 자신이 어느 부문에서 소득을 올려야 하는지 스스로 생각할 수 있도록 유도한다. ▶ 현금 흐름 사분면 공부
『부의 추월차선』 (엠제이 드마코 저, 신소영 역, 토트출판사, 2013)	이 책에서 저자는 삶을 뚜벅뚜벅 걸어가는 사람, 서행차선을 타는 사람 그리고 추월차선을 타는 사람으로 나눈다. 추월차선을 타고 단기간에 부자가 되는 다섯 가지 사업 시스템을 배울 수 있다. ▶ 부의 비밀 공부

『파리에서 도시락을 파는
여자』(개정판)

(켈리 최 저, 다산북스, 2021)

10억 원의 빚더미에 앉은 저자가 창업 7년 만에 연
매출 5000억 원이라는 고속 성장을 이루게 된 과
정을 담았다. 그녀가 실천한 방법과 마인드를 통해
어느 누구나 성공할 수 있다는 희망을 얻을 수 있다.

▶ 부의 마인드 공부

『이웃집 백만장자 변하지
않는 부의 법칙』

(세라 스탠리 팰로 저, 김미정 역,
비즈니스북스, 2019)

40년 동안 수많은 부자들의 행동 패턴을 분석한, 부
의 바이블이라 할 수 있는 책이다. 흔들리지 않는 부
를 만들어가는 특별한 부의 법칙을 소개한다.

▶ 부의 법칙 공부

『나는 빚을 다 갚았다』

(애나 뉴얼 존스 저, 이주영 역,
한국경제신문사, 2016)

무분별한 소비로 빚더미에 앉은 저자가 15개월이라
는 아주 짧은 시간 동안 효율적으로 빚에서 벗어난
과정을 담았다. 저자가 실천한 특단의 대책뿐 아니
라 어느 누구나 빚에서 벗어날 수 있다는 희망도 얻
을 수 있다.

▶ 생존 재테크 공부

『돈의 속성』

(김승호 저, 스노우폭스, 2020)

저자는 대학 중퇴 후 미국으로 건너간 뒤, 이불가게
와 한국 식품점 등을 시작하여 실패를 거듭하다가
결국 식당 체인을 인수했다. 미 전역에 1000여 개
의 매장으로 확장한 저자의 통찰을 배울 수 있다.

▶ 성공 마인드 공부

『부자의 사고 빈자의 사고』

(이구치 아키라 저, 박재영 역,
한스미디어, 2015)

부자와 가난한 사람의 사고방식을 구분하여 설명하는 이 책을 읽다 보면, 나의 생각이 대부분 빈자의 사고방식이었음을 깨닫게 된다. 이는 결국 사고방식을 정반대로 바꾸면 부자가 될 수 있음을 뜻한다. 나도 할 수 있다는, 꿈꿀 수 있는 용기를 주는 책이다.

▶ 부의 마인드 공부

2주 완성 '부자 습관 프로젝트'

2018년 EBS 〈호모이코노미쿠스〉 시즌 2 방송에서 멘토로 출연한 이후 나는 재무 멘토링을 시작하여 돈 문제로 고민하는 수천 명의 사람들을 대중 강연과 상담을 통해서 만나게 되었다.

"빚만 10억 원이에요."

나에게 찾아온 연진 님은 떨리는 목소리로 이렇게 말했다. 남편이 물려받은 땅을 담보로 돈을 빌리기 시작했는데, 이제는 빚이 빚을 낳아서 눈덩이처럼 불어났다고 했다. 그동안 전혀 모르던 일을 갑작스럽게 알게 된 것도 모자라, 남편은 허리 디스크 판정까지 받아 일을 쉬게 되었다.

빚, 파산, 적자⋯⋯. 인생의 어느 순간 사람들은 위기에 마주

친다. 자신이 기대했던 삶과는 전혀 다른 모습으로 살고 있는 자신을 볼 때, 마냥 자포자기하고 싶은 마음이 든다. 조금만 힘을 내고 관점을 바꾼다면 새로운 기회를 움켜쥘 수 있으리라 생각되는 풍요로운 사회에 살고 있지만, 지금 이 순간도 많은 사람들은 자신의 가능성을 펼쳐볼 꿈조차 꾸지 못한 채 평범하게 살거나 또는 위기의 나락으로 떨어지고 있었다. 위기 상황에 압도되어 문제를 처리하느라 정작 가장 중요한 자신의 삶을 살아가지 못한다. 그분들의 사연을 들을 때면, 마음이 너무 안타깝고 아프다.

자신의 이야기를 바탕으로 쓰인 에세이 『스물아홉 생일, 1년 후 죽기로 결심하다』라는 책에서 저자는 혼자 쓸쓸하게 3평짜리 원룸에 살고 있었다. 변변한 직장도 없고, 애인에게는 버림받아 외톨이였던 그녀는 스물아홉 생일을 자축하기 위해 편의점에서 케이크 한 조각을 샀다. 케이크를 먹으려던 그 순간, 케이크 위에 있던 딸기가 바닥으로 떨어졌고 주워서 먹으려고 보니 딸기에는 머리카락이 달라붙어 있었다.

자신의 초라함을 너무나도 절실히 느낀 그녀는 결국 1년 후 생일에 죽기로 결심했다. 그리고 죽기 전 마지막으로 최선을 다해서 도전을 해보기 시작했다. 그리고 기적 같은 일이 일어났다. 결국 그녀는 1년 후, 완벽하게 변신하여 꿈꾸던 라스베이거

스에서 생일을 맞게 된다.

책 속에는 '기적을 바란다면 발가락부터 움직여보자'라는 문구가 나온다. 단 한 걸음이라도 내딛기 시작하면 나를 둘러싸고 있던 암흑이 걷히기 시작하고 동굴에서 나올 수 있다. 힘겨운 시간을 보내고 있는 분들께 나는 이 말을 건네드리고 싶었다. 그래서 유튜브 채널 〈김미경TV〉에서 미혼모 재무 코칭을 진행할 때, 가장 먼저 이 책을 선물로 드렸다.

무너진 나를 일으켜주는 습관 기르기

재무 멘토링을 하면서 한 가지 확실하게 깨달은 사실이 있다. 돈 때문에 힘든 분들이 잃은 것은 돈뿐만이 아니라 삶에 대한 희망과 의지라는 점이다. 그렇기에 작은 습관을 가다듬어야 위기의 상황과 가난에서 벗어날 수 있고, 우리 안의 잠재력을 끌어낼 수 있다. 나는 그 첫 시작으로 아침에 일어나자마자 '일곱 가지 모닝 플랜'을 작성하는 습관을 추천한다.

일곱 가지 모닝 플랜

1. 오늘의 예상 지출액은 얼마인가?
2. 어제 실제 지출액은 얼마인가?
3. 오늘 꼭 해야 하는 일은 무엇인가?
4. 오늘 가장 중요한 일은 무엇인가?
5. 수입을 늘리기 위한 방법 한 가지
6. 지출을 줄이기 위한 방법 한 가지
7. 내가 좋은 이유

이 항목들은 오늘 하루 중 자신에게 가장 중요한 일이 무엇인지 우선순위를 세우고, 그에 맞추어 자신의 시간과 돈을 계획적으로 분배할 수 있도록 이끈다. 앞서 언급한 EBS 재무 멘토링 프로그램에서 만난 나의 멘티는 2000만 원의 빚이 있고 매달 적자가 나던 분이었다. 그런데 프로그램이 끝나갈 무렵 그분이 월 190만 원을 모으셨는데, 가장 효과가 컸던 방법이 바로 매일 아침 일곱 가지 모닝 플랜을 작성하는 것이었다.

조금 더 집중적으로 자신의 습관과 마인드를 바꾸고자 한다면 2주간 '14일 부자 습관 프로젝트'를 시작할 것을 추천한다. 지금까지 책에서 설명한 여러 가지 경제 습관을 포함해 자신의

재무 관리 전반에 도움이 되는 행동을 바로 실천할 수 있도록
도움을 주는 프로젝트이다. 대표적인 미션은 다음과 같다.

14일 부자 습관 프로젝트

1일 차: 돈 공부를 해야 하는 나만의 절박한 이유 적기

2일 차: 지난 3개월 지출 금액 평균을 계산하고 향후 2주 동안의 예산 정하기

3일 차: 경제 신문 기사 3개를 읽고 한 줄로 요약하기

4일 차: 이번 달의 무지출데이 계획하기

5일 차: 일곱 가지 모닝 플랜 적기

6일 차: 토스 앱을 다운로드받고 신용 등급 확인하기

7일 차: 어카운트인포 앱(계좌 정보 통합 관리)을 다운로드받고 휴면 계좌 정리하기

8일 차: 나의 부채를 하나의 표로 정리하고 상환 계획 세우기

9일 차: 미니멀리즘 실천의 날을 마련하기

10일 차: 경험과 재능을 돈으로 바꿀 세 가지 방법 적기

11일 차: 다이아몬드 통장을 개설하고 재무 버킷리스트 만들기

12일 차: 감사일기 / 성공일기 / 미래일기 적기

13일 차: 아바타 소득을 만들 수 있는 세 가지 방법 적기

14일 차: 맞벌이 효과가 있는 풍차적금 1호 개설하기

자신의 배움에 투자하기 위한 다이아몬드 통장과 14일의 결실인 풍차 적금 1호를 만들게 되는데, 이 과정에서 많은 참여자의 자존감이 높아지고 돈 관리에 대한 자신감이 생기는 것을 확인할 수 있었다. 독박 육아로 무기력감과 우울증을 겪고 있던 전업주부에서부터 육아와 일을 병행하며 체력적으로나 정신적으로 압박감에 눌려 있던 워킹맘까지, 부자 습관 프로젝트는 모든 사람들이 자신의 삶을 다시 시작하고 재정 상황을 가다듬는 능력을 선물했다.

삶의 모든 것들은 우리가 지금까지의 결과에 대한 책임을 인정하고 도전을 시작하는 만큼 바뀔 수 있다. 작은 습관을 통해서 이제 부자가 되는 첫걸음을 내디뎌 보자.

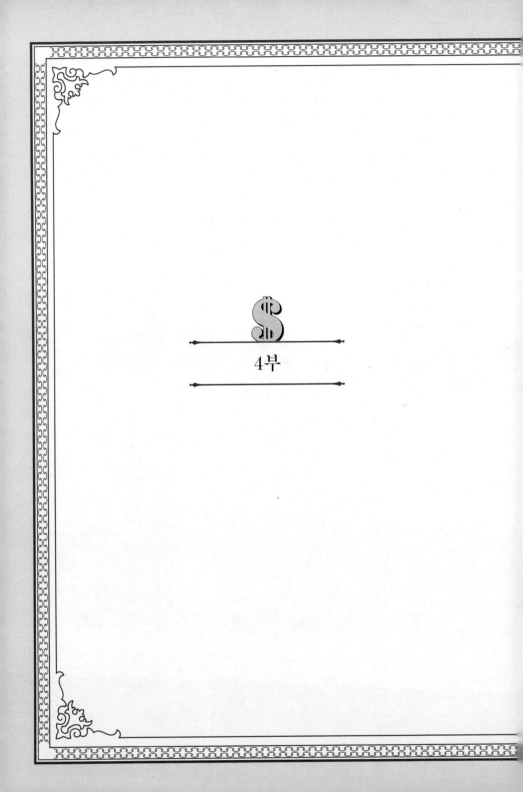

$

4부

처음 도전하는
엄마의 실전 투자

"남자보다는 여자가,
여자보다는 엄마가 투자에 더 강하다"

"우리 시부모님이 이번에 ○○지역에 아파트를 샀는데, 글쎄 매매가가 몇 달 사이에 5000만 원이 올랐대."

"우리 옆집 아기 엄마 남편이 S대기업에 다니거든. 근데 회사가 글쎄 ○○지역으로 이전을 해서 다음 달에 이사 간대. 그쪽에 사옥 증축을 한다나."

이렇게 오랜 시간 수다를 떨고 정보를 나누는 것을 좋아하는 여자들의 성향은 최신 정보를 얻는 데 큰 장점이 된다. 투자에 있어 과감한 추진력은 떨어질지도 모르지만, 여성 특유의 섬세함, 절제력, 정보 소통 능력, 공감력은 좀 더 넓은 시야를 갖고 안정적인 투자를 하도록 이끈다.

그런데 이러한 여성보다도 투자에 더 강한 사람이 있다. 바로 '엄마'이다. 여자는 결혼을 하고 아이를 낳고 나면 인생이 송두

리째 변한다. 극도의 산통을 겪고 아이를 낳고, 밤새 열이 펄펄 끓는 아이를 간호하면서 수많은 밤을 지새우고, 아이를 위해서라면 내 목숨까지도 바칠 수 있을 것 같은 모성애가 생긴다. 이전에 아무리 나약했다 해도 엄마가 된 순간부터 세상에서 가장 강한 여자로 변해간다.

우리 어머니만 해도 결혼 전에는 45킬로그램의 몸무게에 연약하기만 한 분이셨다. 그렇지만 어느 날 아버지께서 무역회사를 잘 다니시다가 그만두고 사업을 하겠다고 하자, 그때부터 생활 전선에 뛰어드셨다. 누가 시키지도 않았지만, 스스로 돈을 벌기 위한 길을 찾아 나선 것이다.

어머니는 세 살짜리 동생을 등에 업고, 여섯 살인 나의 손을 잡고 안양에서 남대문까지 버스를 타고 가 도매로 무거운 옷들을 떼어 와서 단지 내에서 팔기도 하셨다. 아버지 사업이 잘 안 될 때는 보험 영업을 하시기도 했다. 어느 날은 여기저기서 정보를 듣고 아버지와 상의도 없이 대담하게 대출을 끼고 경기도 하남에 새로 분양하는 아파트에 투자하여 두 배 이상의 차익을 남기신 적도 있다. 그때 왜 아버지께 말씀을 안 하셨냐고 물어보니 "네 아버지한테 물어보면 하지 말라고 할까 봐 그랬지"라며 웃으셨다.

엄마의 '사랑'과 '강인함'이 최고의 무기다

『오늘도 나에게 박수를 보낸다』의 저자인 정은희 씨는 남편과 이혼을 하고 심한 절망감에 빠졌다. 이혼 후 손에 쥔 건 단돈 3만 원. 그녀는 지방의 작은 임대 아파트에서 혼자 직업도 없이 지내고 있었다. 잇따른 실직과 실패를 겪으면서 극도로 지쳐가던 그녀는 삶에 대한 의욕을 전혀 찾을 수 없게 되자, 결국 자신도 모르게 자살을 생각하게 된다.

그러던 어느 날 떨어져 지내던 아이들과 함께 강릉으로 짧은 여행을 떠난다. 아이들에게 삼겹살을 사주고 2인분을 더 시키는 게 어떠냐고 하자, 어린 막내아들이 더 먹겠다고 했다. 그러자 큰아이가 "너 벌써 배 빵빵하잖아! 그만 먹어"라면서 말리는 게 아닌가.

심지어 큰아이는 "엄마! 여기 삼겹살은 왜 이렇게 비싸요? 우리 집 앞엔 1인분에 3500원짜리도 있는데, 우리 배불러요"라면서 음식값이 얼마인지 머릿속으로 계산하고 있었다. 혼자 있는 엄마의 주머니 사정을 걱정하느라 제대로 먹지도 않고 여행 내내 엄마를 배려해주는 어린 자녀들의 애틋한 모습을 보면서 그녀의 가슴은 뜨거워졌다.

그때 그녀는, '그래. 내가 무슨 생각을 했던 거지? 아이들을 위해서라도 다시 한번 살아보자. 살아보려고 하면 어떻게든 살아지지 않겠어?'라고 결심하게 된다. 아이들에게 자랑스러운 엄마가 되기 위해 그 누구보다 열심히 노력한 결과, 수억 원의 연봉을 받는 최고의 세일즈 전문가가 된다.

나 또한 엄마가 되기 전과 엄마가 되고 난 후의 모습이 완전히 다르다. 엄마가 되기 전에는 모든 게 나를 중심으로 돌아가야 하는 사람이었다. 그렇지만, 엄마가 된 후 그동안 알지 못했던 수많은 변화와 감정을 겪고, 두 아이를 책임지면서 '타인을 이해하고 스스로 일어설 수 있는 나'가 나타나기 시작했다.

어쩌면 나는 엄마가 되지 않았다면 오랫동안 부정적이고 자존감이 낮은 사람으로 살았을지도 모른다. 하지만 엄마가 되고 나서는 아이들을 위해서라도 자존감이 높고 긍정적인 사람이 되기 위해, 누군가에게 의존하기보다 스스로를 믿고 행동할 수 있는 사람이 되기 위해 노력해왔다.

지금도 여전히 인생과 부의 의미를 이해하기 위해, 무엇보다도 내면이 깊고 강한 사람이 되고자 노력하고 있다. 또한 나 자신과 아이들의 삶을 위해서 돈의 노예가 아닌 돈을 이용하고 이끌어 갈 수 있는 사람이 되고자 최선을 다한다.

"여자는 약하나 어머니는 강하다"라는 말이 있다. 여성 특유의 섬세함, 절제력, 정보 검색 능력, 소통 능력에 더하여 엄마만

이 갖고 있는 가슴에서 우러나오는 '사랑'과 '강인함'이 더해지면 엄마는 세상 그 누구보다 강한 존재가 된다.

당신이 지금 엄마라면, 그리고 사랑하는 자녀가 곁에 있다면, 더 이상 그 무엇도 두려워할 필요가 없다. 여자는 남자보다 투자에 강하다. 그리고 엄마는 여자보다 투자에 강하다! 이제 엄마만의 강점을 살린 실전 투자를 시작해보자.

투자의 시작은
종잣돈 모으기부터

어느 날 출근하는 길이었다. 이른 아침 시간이라 지하철에는 사람이 정말 많았다. 그날도 나는 지하철 구석에 기대어 서 있었다. 그렇게 답답하고 사람이 많았던 지하철에서 갑자기 이런 생각이 들었다. '이 지하철에서 영영 나가고 싶지 않다.' 비좁고 갑갑한 지하철이었지만, 이 지하철을 나가는 순간 나는 출근을 하는 것이고, 그때부터 나는 다람쥐 쳇바퀴 돌듯이 일을 해야만 했다. 당시 나에게 세상은 너무나 답답한 감옥 같았다.

그렇다고 집에 돌아가서 편하게 쉴 수도 없었다. 치열하게 사는 것 같은데도 쉽사리 나아지지 않는 경제 상황 앞에서 고민하느라 하루도 편안하게 잠을 잘 수 없었다. 그렇게 나는 나의 꿈을 잃어가고 있었다. 그래서 지하철에서 나오고 싶지 않았던 것이다.

한참을 홀로 생각에 잠겨 있다가 문득 결심했다. '나는 이 상황을 벗어나기 위해 노력을 해보긴 했나? 지금 이 순간, 내 인생을 바꿔야겠다.' 그리고 나는 독하게 돈 공부를 시작했다.

돈을 알아야겠다고 마음먹고 내가 가장 먼저 실천한 것은 바로 종잣돈을 모으는 거였다. 종잣돈은 시드머니(Seed Money)라고도 불리는데, 영어 단어 Seed의 '씨앗'이라는 의미처럼 투자의 씨앗이 될 돈을 뜻한다.

종잣돈을 모으는 단계는 본격적으로 투자에 들어가기 전 준비 단계인 만큼, 가장 지속하기 힘든 단계라고들 말한다. 하지만 재테크 방법을 실천하고 레버리지 효과를 보기 위해서는 종잣돈이 꼭 필요하다. 나만의 현금, 종잣돈이 충분하다면 예상하지 못한 상황이 발생하더라도 흔들리지 않고 끝까지 버텨서 이득을 볼 수 있다.

종잣돈을 모으는 단계에서는 빠르고, 독하게 돌파하는 것이 무엇보다 중요하다. 나는 지하철에서 느꼈던 절실한 마음으로 신혼 3년 동안 종잣돈 1억 원을 모았다. 그때 든든하게 나를 끌어준 세 가지 법칙을 공유하려 한다.

첫째, 아주 생생한 목표를 그린다.

둘째, 돈이 모이는 시스템을 만든다.

셋째, 소득을 높여라.

목표는 눈에 보일 듯 구체적으로 잡아라

가장 먼저, 나는 내 마음속에 아주 생생한 목표를 그렸다. 그
전까지는 돈을 아껴야겠다고 막연하게 생각만 했었다. 돈을 많
이 모으고 싶다, 부자가 되고 싶다고 생각하면서도 나의 소비나
지출은 쉽게 줄지 않았다. 신혼 초 먹자골목의 원룸 빌라에서
살면서 외식도 굉장히 자주 했고 주말이 되면 대형 할인마트에
들러서 어마어마한 양의 식자재를 사기도 했다. 다 먹지도 못했
을 뿐더러, 버리는 양도 많았다.

그러다가 첫 아이를 계획하게 되면서 나의 삶도 바뀌었다. 나
의 소중한 첫 아기를 위해 아기방을 마련해야겠다는 아주 구체
적인 목표가 생긴 거였다. 만약 아기가 남자이면 하늘색 벽지
를, 딸이면 분홍색 벽지를 해줘야지, 노란색 흔들침대를 선물해
야지, 방 한쪽에는 아기 체육관도 마련해줘야지, 이런 생생한
꿈을 꾸기 시작했다. 어느새 내 머릿속에는 이미 방 한 칸이 지

어져 있었다. 그뿐만 아니라 모래 놀이터 말고, 아기가 조금 더 안전하게 놀 수 있는 놀이터가 있는 아파트가 어디에 있는지 찾아보기 시작했다.

구체적인 이미지를 떠올리고 나니, 나의 소비 패턴이 변하기 시작했다. 무엇인가 소비를 하려고 하면 내가 세운 목표가 생각났다. 그 이후 내가 소비를 하지 않았을 때에는 나의 목표에 더 다가간 것만 같은 행복감이 느껴지기 시작했다.

지출을 줄이기 위한 가장 효과적인 방법은 비용을 아껴서 얻을 나의 미래 행복을 아주 생생하게 떠올리는 것이다. 우리 아이가 비장한 마음으로 유학에 가고 싶다고 얘기할 때, 돈 걱정 하지 않고 지원해줄 수 있다면 얼마나 뿌듯할까, 사랑하는 가족과 함께 제주도로 한 달 살기를 훌쩍 떠나서 행복한 시간을 보낸다면 몇 년이 지나도 두고두고 꺼내볼 추억이 생기겠지, 하는 자신의 목표를 생생하게 그리기 시작할 때 그 목표는 나의 현실이 된다.

의지가 아닌 시스템이 필요하다

대부분의 사람들이 돈을 모으지 못하는 이유는 생각보다 단순하다. 자신의 의지만으로 돈을 모으려 하기 때문이다. 의지로 할 수 없는 일이라면 무엇이 필요할까? 바로, 사람과 시간을 관리하는 시스템이다.

살면서 목돈을 모아본 적이 없는 후배가 있다. 후배는 퇴근하고 나면 항상 사람들을 만났다. 사람들과 술자리도 자주 가졌고, 영화도 보고 커피도 마시다 보면 순식간에 5만 원을 쓰는 건 아무것도 아니게 되었다. 주중뿐 아니라 주말에도 친구들을 만나며 사람을 만나는 데 버는 돈을 다 썼다. 나는 의지가 강하니까, 친구를 만나도 싼 것만 먹고 돈 안 쓰고 아낄 수 있을 거야 하고 생각하지만 스스로를 믿어서는 안 된다. 돈을 모을 때는 주변 사람을 먼저 정리해야 한다.

사람뿐 아니라 시간을 관리해야 한다. 나에게 무엇이 중요한지 우선순위를 따져보고 그에 맞추어 나의 귀중한 시간을 쏟는 지혜가 필요하다. 삶에 우선순위가 없으면 자꾸 돈을 쓰게 만들어진 장소로 돌아다니게 된다. 사람들과의 모임을 관리하지 못했던 그 후배는 자신이 무엇을 하며 시간을 보내야 하는지를 미리 계획하지 못했다. 일이 끝나고 모임이 없을 때 후배가 가장 자주 들렀던 곳은 마트였다. 마트에서 시간을 보내며 아이쇼핑을 하다 보면, 사려고 한 것도 아닌데 카트 가득 물건을 담아 나오곤 했다. 특정 시간대에만 할인하는 타임세일이 시작되면 눈과 손이 자연스럽게 따라가곤 했다.

사람을 만나지 않고 허튼 시간을 보내지 않으면 그 시간에 부수익을 올릴 수도 있었을 것이다. 자신의 의지를 믿지 말고, 시스템을 통해 돈이 모이는 환경을 만들어야 한다.

부수익으로 소득을 높여라

가지고 있는 돈에서 절약만 할 때는 생각보다 돈이 빠르게 모이지 않아서 답답했던 적도 있다. 그러던 중 내가 갖고 있던 경험과 지식을 돈으로 바꾸면서 종잣돈을 모으는 속도가 급격히 빨라졌다.

직장에서 나오는 월급 외의 소득을 찾기 위해 내가 할 수 있는 것은 무엇이든 하기 시작했다. 나는 예전에 통번역사로 일한 경험을 살려 번역 아르바이트에 적극적으로 나섰다. 직장을 다니면서 번역 아르바이트를 하며 새벽 2시까지 일을 할 때도 많았고, 주말이면 과외 아르바이트를 하기도 했다. 일을 많이 하다 보니, 젓가락질을 하지 못할 정도로 손목이 아플 때도 있었다. 물리치료를 받으러 다니다가 아예 통번역 에이전시를 해야겠다고 마음먹고, 그날 바로 사업자등록증을 내서 통번역 에이전시를 시작하기도 했다. 그렇게 하나씩 해나가며 깨달은 것이 있다. 바로, 누구나 할 수 있다는 거였다.

나의 지인 중 어떤 분은 나만의 소득을 조금이라도 얻고 싶다는 간절한 마음을 갖고 계셨다. 오랫동안 전업주부로 지냈기 때문에 지금까지 가족을 위해 만들던 자신의 요리 실력으로 아파트 단지 내 상가에 작은 반찬 가게를 열게 되었다. 처음에는 작게 시작했지만, 유기농 재료를 쓰는 건강한 음식으로 아파트 단지 내에서 소문이 나면서 많은 수익을 얻는 1인 기업이 되었다. 가게는 점점 더 바빠졌고 명절에는 반찬 주문이 끊임없이 들어오기도 했다.

반찬 가게가 잘되자 가게 성공 비결을 궁금해하는 사람들이 많이 생겨났다. 이분은 자신만의 차별점이 무엇인지, 가게는 어떻게 돌아가는지를 보다 체계적으로 정리해서 알려주곤 했다. 또, 반찬 가게 운영을 고민하는 분들은 찾아오라고 본인 블로그에 광고하여 세미나도 열었고, 세미나에 참석한 수강생 중 한 사람과 2호점 계약을 하면서 프랜차이즈로 사업 영역을 더 넓혀갔다. 이제 이분은 본인이 일해서 얻게 되는 수입에만 의존하는 것이 아니라, 2호점이 운영되는 과정에서 여러 가지 자문을 맡으면서 또 다른 수입도 얻게 되었다.

내가 한번 움직이면, 내 인생은 엄청난 속도로 변한다. 내 머릿속이 도전할 수 없는 이유들로 가득할 때는 고민과 불만, 핑계만 많아지고 아무것도 변하는 게 없었다. 열심히 일하는데 왜 통장 잔고가 그대로인지 고민될 때 스스로에게 질문해봤으면 좋겠다. '과연 나는 어제의 나보다 어떤 노력을 더 했는가?'라고 말이다. 아주 작은 것부터 시작할 때, 그 작은 움직임 하나가 큰 변화를 가져올 것이다.

주식을 해야 할까?
부동산 투자를 해야 할까?

나는 첫아이를 갖고 나서야 내가 이 아이의 인생을 책임져야 하는 엄마임을 깨닫게 되었다. 그리고 아이와 함께 더 많은 시간을 보내고 싶다는 바람으로 투자 공부를 시작했다. 펀드를 할까, 주식을 할까, 내가 할 수 있는 건 또 뭐가 있을까 고민하다가 본격적으로 투자를 시작하기 전, 책을 읽으며 투자의 핵심 요소를 짚어보았다.

투자에서 고려해야 할 주요 3대 요소에는 대표적으로 '수익성, 안전성, 환금성'이 있다. 먼저 수익성이란 '투자금 대비 얼마만큼의 이익이 창출될 수 있는가', 안전성은 '투자한 원금을 잃을 염려는 어느 정도인가', 환금성은 '내가 당장 돈이 필요할 때 쉽게 현금화될 수 있는가'와 관련이 있다.

이지영의 노트

투자 시 반드시 체크해야 할 3대 요소

수익성
투자금 대비 얼마만큼의 이익이 창출될 수 있는가

안전성
투자한 원금을 잃을 염려는 어느 정도인가

환금성
내가 당장 돈이 필요할 때 쉽게 현금화될 수 있는가

주식과 부동산은 서로 성격이 많이 다른 투자법이다. 예를 들어 직장인이라면 누구나 한 번쯤 관심을 기울이게 되는 주식 투자의 경우, 잘되면 큰 이익을 창출할 수 있어 '수익성'이 높다. 금액을 쪼개 여러 곳에 분산투자하거나 소액 투자도 가능해서 첫걸음을 떼기가 수월하다. 인터넷 클릭이나 전화로도 바로 사고팔 수 있으므로 '환금성'도 높다. 하지만 주식은 상승과 하락을 수도 없이 반복한다. 수익성이 높은 만큼 돈을 잃을 가능성도 커서 잘못될 경우 원금이 날아갈 가능성도 있다. '안전성'은 낮은 편이다.

반면, 부동산 투자는 주식보다 수익성이 낮고, 환금성도 떨어지지만, '안전성'은 높다. 다시 말해, 가격이 주식처럼 하루 만에 급락 혹은 급등하는 경우가 거의 없다. 단점은 매도하거나 매수하는 데 긴 시간이 걸린다는 것이다. 하지만 매수한 건물이 한순간에 사라질 일도 거의 없고, 만약 지진으로 건물이 무너진다 해도 땅이 남는다. 이러한 특징이 부동산 투자의 안전성을 보장해준다.

나도 처음에 여러 재테크를 공부하면서 주식 투자도 해보고 펀드도 가입했다. 그런데 나에게는 주식이 잘 맞지 않았다. 주식 투자에 대한 책을 읽고 어려운 용어에 줄을 그어가며 읽어도 여전히 어렵게 느껴졌다. 하루하루 급등하고 급락하는 지수를 보면서 심리적으로도 큰 부담을 느꼈다. 누가 몇 배 수익을 실현했다는 얘길 들으면 괜한 조바심이 앞섰다.

그래서 나는 수많은 재테크 중 부동산 투자를 택했다. '가족의 행복과 경제적 안정'이라는 가치가 나에게 너무나도 소중했기에 큰 수익을 바라기보다는 원금을 잃지 않는 투자를 하기로 했다.

그리고 결정적으로 레버리지를 활용할 수 있다는 점에서 부동산 투자가 매력적이었다. 부동산 투자의 경우 은행을 통해 받을 수 있는 담보대출이 있어서, 내가 가진 것보다 더 큰 돈을 활용할 수 있다. 레버리지 효과에 대해 부정적인 사람도 있다. 그런데 재테크라는 것은 눈덩이를 굴리는 것과 같다. 작은 눈덩이를 한 번 굴리는 것보다 큰 눈덩이를 한 번 굴릴 때 눈덩이는 훨씬 빠르게 커진다.

하지만 나의 방법이 모두에게 옳은 길은 아니다. 나와 가장 잘 맞는 투자 분야를 택하는 것이 가장 중요하다. 각자의 재능과 강점에 최적화된 방법이 따로 있기 때문이다. 그러니 어떤 투자가 나에게 적합한지를 생각하고 이를 철저하게 공부하는 게 최우선이다. 투자에 있어서는 다른 사람의 이야기를 참고하되, 자신의 능력과 자산의 상태에 따라 스스로 그 방법을 고민해야 한다.

리스크를 껴안을 때
기적이 찾아온다

MBN 텔레비전 프로그램 〈황금알〉에 출연한 박혜영 부동산 전문가는 "부동산 투자에 관심을 가진 것은 언제부터인가요?"라는 질문에 이렇게 답했다.

"저는 당시 15년 차 전업주부였는데 봉급생활자인 남편이 지나가는 말로 '나 회사에서 잘릴지도 몰라'라고 말하는 거예요. 그때 망치로 한 대 맞은 것처럼 머리가 띵했어요."

남편은 큰 의미를 두지 않고 말한 것이었지만, 그녀는 이제 막 중학생이 된 아이가 생각났다. 그러자 곧 걱정이 앞서기 시작했다.

"맞아. 봉급생활자는 언젠가 끝나는 날이 있겠지. 그럼 애들은 어떻게 키우지?"

이런 걱정을 하다가 문득 '사실 우리 집 경제가 남편만의 책임은 아니지. 아내인 나에게도 반은 책임이 있는 거지'라는 생각이 들어 그날로 서점에 가서 부동산 관련 책을 구입하여 공부하고, 집 근처 부동산에 자주 들르며 시세와 동향을 파악하기 시작했다고 한다. 마침내 그녀는 부동산 투자로 월 500만 원의 고정 수입을 만들었고, 전업주부에서 부동산 전문가가 되어 강연도 하고 텔레비전 방송에도 출연하게 되었다.

그런데 여전히 많은 사람들은 현 상태를 유지하는 게 더 안정적이라고 생각하며 리스크를 지려 하지 않는다. 하지만 인생에서 정말 큰 리스크는 무엇인지 한번 곰곰이 따져보길 바란다. 나는 현 상태를 그대로 유지하기 위해 두려움 속에 움츠러드는 것, 그것이야말로 가장 큰 리스크가 아닐까 생각한다. 그리고 참 신기하게도 인생은 리스크를 적극적으로 떠안으려고 할 때 비로소 진정한 안정이 찾아온다. 그리고 그때부터 생각지도 못했던 기적이 펼쳐진다.

스스로 리스크를 지고 경제력을 키우기 위한 방법에는 여러 가지가 있다. 관심 분야에 맞추어 작게 사업을 시작할 수도 있고, 인근 시세를 파악하면서 부동산 투자를 시작할 수도 있다.

그 방법이 무엇이든 결국 단 한 가지라도 실천하고 한 걸음을 내딛는 것이 중요하다.

나는 우리 가족의 행복과 경제적 안정을 위해 투자를 시작했기에 큰 수익을 바라기보다 절대로 원금을 다 잃지 않는 투자를 하고 싶었다. 그래서 부동산 투자를 공부하기 시작했다. 물론 부동산 투자가 반드시 부를 위한 정답은 아니며, 누구든 자신의 강점과 현재 상황을 고려하여 그에 가장 잘 맞는 투자 방법을 택하는 게 현명하다.

어떤 사람들은 주식이 리스크가 크다고 하고 다른 한쪽에서는 부동산이 리스크가 크다고 하지만, 가장 큰 리스크는 알지 못하고 하는 투자이다. 리스크란, 내가 그 투자에 대해서 알고 하느냐 모르고 하느냐에 달려 있는 것이지 그 종목 자체에 달려 있는 건 아니다. 주식을 탄탄하게 공부하고 모의투자도 하고, 여러 데이터를 바탕으로 투자한다면 리스크는 점점 줄어든다. 부동산도 마찬가지로 준비하고 투자한다면 수요와 공급, 호재와 악재를 미리 판단할 수 있기 때문에 리스크는 작아진다. 그래서 나는 '그 투자는 리스크가 커'라는 말은 맞지 않는다고 생각한다.

나의 경우 직장을 다녔기에 사업을 하기는 힘들었고, 직장 일과 육아를 병행하면서 매일 가격이 오르내리는 주식 시장을 관

찰하는 긴장감을 감당하고 싶지 않았다. 그리하여 부동산 투자 공부는 주로 주말을 할애했다.

가족의 경제적 안정을 지키기 위해 이제 막 부동산 투자를 시작하려는 엄마들에게, 내가 실천했던 '매주 한 시간 실전 부동산 공부법'을 소개한다.

1. 희망 지역 인근 부동산에 가서 시세와 전세가 등 알아보기
2. 부동산에 방문해서 집을 둘러보기
3. 집에 와서 네이버 부동산과 국토해양부 실거래가 등을 검색하여, 교통, 학군, 단지 수 등을 정리하기

나는 이렇게 매주 토요일 한 시간씩 관심 지역의 부동산을 돌아보고, 실제로 아파트를 구경해보고, 주변 시세와 교통 상황 등에 대해 정리하면서 부동산에 대한 기본 지식을 쌓았다. 이렇게 쌓인 지식으로 어떻게 내 생애 첫 집을 마련하게 되었는지 그 구체적인 이야기는 다음 장에서 밝히도록 하겠다.

19

내 집 마련을 위한
원칙

'첫사랑', '첫 만남', '첫 키스', 결혼 전에는 그런 단어를
들으면 가슴이 뛰었다. 그런데 결혼하고 나니 '첫아이', '첫 집'
이라는 단어가 내 마음을 울렸다.

처음 내 아이를 품에 안았을 때의 감동과 행복감! 그리고 처
음 내 가족을 위한 공간을 마련했을 때의 뿌듯함과 기쁨! 이런
감정은 엄마라면 누구나 느끼게 된다. 이런 마음을 이미 경험한
엄마로서, 이제 막 가족을 위한 공간을 마련하기 위해 부동산
재테크의 첫걸음을 떼려는 엄마들에게, 내가 첫 집을 마련했던
경험을 나누고 싶다.

무엇을 하든 처음이 가장 힘들듯이 나도 처음 집을 마련하는 과정이 가장 길고 힘들었다. 그리고 여전히 부족한 점이 많다. 따라서 이것이 절대 정답이 아니라는 점을 꼭 강조하고 싶다.

　신혼 초에 작은 빌라에 살던 나는 임신한 순간부터 아기방이 있는 예쁜 집에서 편안하게 육아를 할 수 있는 공간을 갖고 싶어 집을 알아보러 다니기 시작했다. 마침내 우리 첫아이는 2008년 5월에 태어났고, 첫 집의 잔금은 2008년 4월 30일에 치렀다.

　임신하고 나서 혼자 여러 권의 부동산 책을 보았고, 만삭이었을 때도 이곳저곳을 돌아다니며 어떤 집을 골라야 할지 많이 고민했다. 그렇게 친정 부모님 댁 근처에 있는 성동구 행당동 삼부아파트 82제곱미터(24평)를 택했다. 생애 첫 집이라 나에겐 큰 의미가 있는 이 아파트를 2015년에 매도했다. 그때 마치 자식을 시집보내는 듯 마음이 뭉클했다.

　첫 집이다 보니 지금 생각하면 내가 선택하는 데 부족했던 점도 많이 보인다. 특히 그때는 아이가 어려서 학군의 중요성을 깨닫지 못해 그 부분을 많이 고려하지 못했다. 그렇지만, 당시에도 내 나름대로의 기준이 있었다. 집을 고르기 위한 기준 중에서도 다음 세 가지 기본 요소를 꼭 강조하고 싶다.

첫째, 역세권 아파트를 골라라

당시 내가 고른 삼부아파트는 왕십리역에서 도보 5분 거리에 위치하고 있었다. 왕십리역은 2호선, 5호선, 경의중앙선이 교차하는 환승 역세권이자 선릉과 이어지는 신분당선 연장이 예정되어 있었다. 무엇보다도 역세권의 아파트를 고르면, 출퇴근에 용이하기 때문에 수요가 계속 늘어난다.

이 정도야 누구나 아는 상식이겠지만, 중요한 건 역세권이라고 다 똑같은 건 아니라는 점이다. 나는 '환승 역세권'에 속하는 82제곱미터(24평)의 아파트를 골랐다. 그런데 같은 시기에 내 친구는 집값이 낮고 공기가 좋아 4호선 끝자락에 있는 112제곱미터(34평)의 아파트를 샀다.

결과는 어떻게 되었을까? 친구의 아파트도 역세권에 있었고 집도 넓었지만, 시세는 계속 떨어졌다. 반면, 나의 아파트는 경기가 안 좋을 때도 시세가 계속 유지되었고 꾸준히 가격이 상승했다.

역세권이란 지하철역에서 도보 5~10분 거리에 있는 아파트를 말한다. 하지만 같은 역세권이라도 '어떤 역인가'가 중요하다. 단일 역세권보다는 이중 역세권, 이중 역세권보다는 환승 역세권이 훨씬 더 이점이 많다. 따라서 여러 개의 노선이 교차하는 역일수록 그 역의 장점은 커진다. 또한 서울의 중심이라 할 수 있는 강남과 연결되는 역일수록 그 역세권은 더 큰 강점을 갖게 된다.

둘째, 대단지여야 한다

첫 집을 택하기 전에 나는 송파구 삼전동에 살고 있었다. 나의 로망은 올림픽공원 근처의 쾌적한 아파트에 사는 것이었다. 송파구와 강동구 지역도 꽤 많이 돌아다녔다. 그렇지만 역시나 가격이 너무나 비쌌다.

그러다 풍납동 D아파트를 보게 되었다. 강동구청역에서 도보 10분 정도의 거리에 있었고, 송파구에 위치하는 데다 올림픽공원에서 가까웠으며, 바로 옆에 풍납초등학교가 있었다. 아직 아기를 낳기도 전이었지만, 그 점이 참 마음에 들었다.

부동산 사장님은 "새댁! 여기가 애 키우기 정말 좋고, 가격도 제일 저렴해! 새댁 얼른 결정 안 하면 이런 매물은 금방 나가버려"라며 매수를 종용했다.

사실 돈이 부족했던 나에게 그 아파트는 오래되긴 했어도 너무나 매력적이었다. 하지만 마음에 걸리는 점도 있었다. 바로 단지 세대 수였다. 세대 수가 93세대에 불과했던 것이다. 이렇게 세대 수가 적은 아파트를 '나 홀로 아파트'라고 부른다.

내가 "세대 수가 너무 적은 것 같아요"라면서 소심하게 입을 떼자, 부동산 아주머니는 "주변에 대단지 L아파트가 바로 있고 맞은편에 K아파트도 있잖아. 가격은 오르게 되어 있어"라고 조언했다. 그래도 내 마음은 편치 않았다. 나는 아무리 실거주로 아파트를 구하더라도 시세차익을 꼭 얻고 싶었기 때문에 결국 내 신념에 따라 다른 데로 눈을 돌렸다.

집을 알아보다 보면 수많은 사람이 이래라저래라 조언해준다. 그렇기에 자신만의 투자 기준이 명확하게 서 있어야 한다. 아무리 주변에서 좋다 해도 자신의 원칙에서 벗어나는 투자는 하지 않는 뚝심을 길러야만 이리저리 흔들리지 않을 수 있다.

그때도 그랬지만, 나는 지금까지 나 홀로 아파트를 한 번도 사본 적이 없다. 실제로 많은 전문가가 1000세대 이상의 대단지 아파트를 선택해야 한다고 강조한다. 나 홀로 아파트는 매수할 땐 가격이 낮지만, 시간이 지나면서 오히려 집값이 더 내려갈 가능성도 있다. 하지만 대단지 아파트 근처에는 대형 마트가 생기고 생활 편의 시설이 들어서면서 점점 수요가 높아지고 집값이 상승하게 된다.

셋째, 로열동의 로열층을 선택하라

"확장하고 리모델링까지 했는데, 제값을 못 받았어."

얼마 전 아파트를 매도한 친구는 울상을 지었다. 그 이유는 무엇이었을까? 그녀의 아파트는 2층이었다. 그 친구는 아직 아이가 어려 저층이 좋다면서 2층을 샀지만, 팔려고 내놓았을 때는 아무도 그 층을 선뜻 고르려 하지 않았다.

같은 동에 같은 방향이고 수리가 되어 있어도 대부분의 사람은 저층이나 꼭대기 층을 선호하지 않는다. 대부분 비로열층과 로열층의 가격차는 엄청나다. 또한 동이 어느 방향으로 위치하는지, 즉 남향인지 북향인지에 따라서도 역시 큰 가격차가 발생한다. 각자의 생각은 물론 다르겠지만, 나의 경우 아파트 1~3층과 맨 꼭대기 층은 잘 고르지 않는다. 또, 남향을 택하되 반드시 낮에 가서 볕이 얼마나 잘 들어오는지 확인해보고 결정한다.

나와 가족을 위한 첫 내 집 마련! 이왕이면 살기에도 편하고 나중에 팔 때 시세차익도 얻을 수 있는 곳을 고르는 게 여러모로 이득이다. 위에 언급된 세 가지 원칙을 기준으로 아파트를 살펴보고, 실제로 여러 집을 둘러본 후 '네이버 부동산'과 '국토교통부 실거래가' 등을 검색하여, 교통, 학군, 단지 수 등을 정리해두도록 하자.

조금만 꾸며도
집의 가치는 수직 상승한다

동네에 꽤 오랫동안 공실로 있던 상가가 있었다. 예전에는 편의점 같은 작은 슈퍼마켓으로 운영되던 코너 상가였지만, 그 가게가 문을 닫은 후에는 회색빛 벽에 보기에도 낡고 허름해 보이는 상가가 되었다.

그러던 어느 날 그 상가에 '공사 중'이라는 푯말이 붙었다. 그리고 불과 2주도 채 안 되어 상가는 완전히 리모델링되었고, 유명 베이커리 프랜차이즈가 들어섰다. 위치는 좋았지만 낡고 오래되어 공실로 몇 달을 보내던 그 상가는 화려하게 변신했다. 세련된 감각의 리모델링과 고객을 끌어당기는 은은한 조명으로 황금알과 같은 상가로 탈바꿈했다. 소문에 따르면 베이커리 프랜차이즈가 입점하면서 그 건물의 월세가 두 배 이상 올랐다고 한다.

부동산은 어떻게 꾸미고 리모델링을 하느냐에 따라서 그 가치가 엄청나게 달라진다. 사람들은 본능적으로 바로 그 순간 멋있어 보이는 물건을 고르려고 한다. 흙 속의 진주를 찾으려고 애쓰기보다 이미 진주로 가공된 보석에 관심을 갖는 것이다. 지금 당장 허름해 보이면 그냥 지나치고, 부티가 나고 세련돼 보이면 그만큼의 가치가 있다고 생각한다. 그래서 돈을 더 주고서라도 사고 싶어 한다.

나 역시 첫 집을 고를 때는 멋진 집을 선호했다. 낡고 오래되고 수리가 안 된 싼 아파트보다 싱크대라도 깔끔하게 교체된 번듯해 보이는 아파트만 골라서 찾아다녔다. 일단 체리색의 싱크대에 거실 조명이 어둡고 집이 지저분해 보이는 아파트는 한 번보고 그냥 지나쳤다. 감히 그것을 고쳐서 쓸 생각은 아예 하지도 못했다.

그렇지만 두 번째 집을 살 때부터는 물건을 보는 관점이 완전히 달라졌다. 건물의 위치, 방향, 조망권은 절대 바꿀 수 없지만, 집 상태는 완전히 환골탈태할 수 있다는 사실을 여러 번의 거래를 통해서 깨달았기 때문이다. 그때부터 겉으로 보이는 상태보다는 역세권, 대단지, 로열층 등을 고려한 후, 집 상태가 조금 안 좋아도 저렴하게 나온 물건을 택했다. 그리고 싸게 산 만큼 사자마자 남은 돈을 리모델링에 투자했다.

그렇게 내가 살 아파트든 임대로 줄 아파트든, 아파트를 사면 리모델링부터 했다. 거실 확장을 하고, 방과 베란다를 확장하고, 낡은 새시(창틀. 보통 '샷시'라 일컬음)까지 모두 교체했다. 바닥은 강마루와 같은 고급 재질로 깔았고, 주방에는 인조 대리석 상판 싱크대를 설치했다. 욕실 역시 최신 트렌드에 맞는 색상으로 바꾸거나 아예 욕조를 샤워부스로 교체했다.

리모델링 효과 200퍼센트 내는 법

많은 사람이 이렇게 수리를 하면 돈이 엄청나게 많이 들 것으로 생각한다. 그렇지만 나는 여러 번의 공사를 통해 리모델링 비용을 절감하는 노하우도 터득하게 되었다.

얼마 전 매수했던 106제곱미터(32평) 아파트의 경우, 단지 내 인테리어 상가에서 견적을 받아보았다. 새시까지 교체하고 거실을 확장하는 경우 최소 3000만 원 이상의 견적이 나왔다. 어떤 업체에서는 3000만 원도 싸다는 말을 들었다.

나는 곧 새시는 새시대로, 바닥은 바닥대로, 싱크대는 싱크대대로, 욕실은 욕실대로 모두 전문 업체에 따로 연락해 견적을 받았다. 여러 경험을 통해 자재의 브랜드를 익히게 되면서 내가 자재도 직접 지정했다. 결국 약 2200만 원 정도에 인테리어를 완성할 수 있었다.

인테리어 업체에서 받는 중간 단계의 커미션을 없애고 전문 업체들을 각 분야별로 나누면, 적은 돈으로도 더 고급스러운 자재를 구해 공사를 진행할 수 있다. 다만 중간에 내가 신경을 써서 일정을 맞춰야 하는 불편을 감수해야 한다. 따라서 꼼꼼히 체크하는 게 중요하다.

특히 본인이 직접 들어가서 살 아파트는 매수하는 순간부터 리모델링하고 예쁘게 꾸며놓는 게 좋다. 그러면 내 가족이 사는 동안 쾌적하고 편안하게 지낼 수 있고, 나중에 팔 때는 리모델링 비용 그 이상을 받게 된다.

집은 수리 정도에 따라 매매가격도 달라지고, 거래에 걸리는 시간까지 달라진다. 그런데 간혹 어떤 사람은 수리해야 한다면서 중문을 설치하거나 붙박이장을 설치하는 등 옵션에 신경을 쓰기도 한다. 그러나 어디를 수리하느냐에 따라 그만큼의 투자 비용을 돌려받을 수도 있고, 받지 못할 수도 있다.

내 생각에 중문의 경우 사람마다 선호도가 다를뿐더러 오히려 집을 더 좁아 보이게 만들 수도 있다. 붙박이장도 호불호가 갈리고, 쓰다 보면 가치가 하락하여 훗날 투자한 만큼 비용을 회수하지 못할 수도 있다. 따라서 수리를 할 때는 주요 수리 포인트를 잘 선택해서 비용을 지불해야 한다.

따라서 수리를 할 때는 주요 수리 포인트를 잘 선택해서 비용을 지불해야 한다. 수리의 핵심 포인트 중 하나는 '욕실 수리'이다. 욕실은 한번 수리하면 매도할 때까지 그 효과를 톡톡히 본다. 매도 시에 부동산에서 "중문이 설치되었나요?"라고 묻는 경우는 거의 없지만, "욕실은 수리되었나요?"라는 질문은 거의 매번 듣는다. 그리고 실제로 욕실이 수리된 물건이 시세보다 높게, 빨리 거래된다. 이처럼 물건을 매수할 때는 장기적인 안목을 갖고, 장기적으로 그 효과를 누릴 수 있는 초기 투자를 아끼지 말아야 한다.

리모델링, 엄마라서 더 잘 안다

함께 투자하는 친구 중 한 명은 분양받을 계획이 없는데도 한 달에 한 번꼴로 분양 홍보관에 간다고 한다. 분양 홍보관의 경우, 최신 트렌드에 맞게 꾸며져 있어 본인의 집을 리모델링할 때 필요한 감각을 익힐 수 있기 때문이란다.

또한 그녀는 한샘 전시관에도 자주 간다. 한샘 전시관은 각종 트렌디한 가구와 가전제품으로 가득하고 소품까지 세련되게 배치하여 보는 것만으로도 인테리어 감각을 높일 수 있다는 것이다. 또 굳이 무엇을 사지 않더라도 이런 곳에 한 달에 한 번쯤 가서 구경을 하고 나면, 마치 쇼핑을 한 듯 기분이 좋아진단다. 내가 매수할 집을 어떻게 꾸며야겠다는 설렘을 가득 안고 문을 나설 수 있기 때문이다.

여성들이 특히 중점적으로 보는 곳은 '주방'과 '욕실'이다. 일단 집에 들어갈 때 현관문에 세련된 번호키가 기본으로 부착되어 있고, 들어가자마자 보이는 주방에 깔끔한 인조 대리석이 설치되어 있으면, 그 집에 대한 호감도는 높아진다. 더불어, 들어가서 처음 문을 열게 되는 욕실이 트렌디한 스타일로 수리되어 있다면, 전세금을 시세보다 더 주더라도 살고 싶어진다.

실제로 2500만 원을 들여 '올 수리'해 놓은 집의 경우 매도 시 주변보다 5000만 원을 더 비싸게 내놓아도, 사람들은 낡고 수리가 안 된 집보다 수리가 된 집을 선택한다고 한다. 지저분한 집을 사면 어디서부터 어떻게 수리해야 할지 부담스럽고, 또 언제 무엇이 고장 날지 몰라 오히려 추후에 비용이 더 많이 들 수도 있기 때문이다.

엄마들만의 미적 감각으로 여성이 원하는 곳에 포인트를 주어 리모델링을 한다면, 그 가치는 놀라울 정도로 상승한다. 지금부터 흙 속의 진주를 찾아내는 안목과 감각을 키우고, 나만의 감각으로 내가 갖고 있는 자산의 가치를 높이도록 하자.

할 수 있다는 용기 충전

얼마 전 선배 K는 명예퇴직을 신청했다. 퇴직금으로 오피스텔을 매수하여 월세를 놓고, 추가로 전세를 끼고 신분당선 근처에 아파트를 하나 더 샀다. 그리고 곧장 해외여행을 떠났다.

아직 골드 미스인 그녀는 오랫동안 여행을 꿈꿔왔다. 1년에 고작 5일간 주어지는 휴가 기간에 여행을 다녀오는 건 그녀를 만족시키지 못했다. 결국 자유롭게 원하는 만큼 떠날 수 있는 삶을 살고 싶다는 생각에 명예퇴직을 결정했다. 비록 지금은 회사에서 일하면서 버는 근로 소득이 사라졌지만, 그녀의 명예퇴직금으로 투자한 광화문 인근 오피스텔에서 꼬박꼬박 수입이 나오고 있다. 수십 년을 다닌 직장을 그만두는 것이 두렵지 않냐는 질문에 그녀는 "두렵긴, 이제야 정말 마음이 안정되고 안심이 되는걸"이라고 답했다.

얼마 전 한 친구는 아파트 전세금 1억 원을 올려주고 재계약을 했다며 이렇게 말했다.

"그것도 정말 싸게 한 거야. 다행히 운이 좋아서 같은 단지 내 아파트로 옮기는 바람에 애들이 전학 갈 필요도 없어졌어. 너무 다행이지 뭐야!"

"그래, 잘됐다. 그런데 너 여유 자금이 좀 있었나 보다. 전세금도 바로 올려주고. 혹시 전세 대출을 받은 거야?"

"아, 통장에 예금해둔 금액이 있었어."

"뭐? 그럼 그 돈을 계속 예금 통장에 넣어두었던 거야?"

물론 비상 상황을 대비하기 위해 반드시 예금 통장에 예비비를 넣어두어야 한다. 하지만 1억 원이라는 상당한 액수의 돈을 젊은 부부가 그저 예금 통장에만 넣어두었다는 게 너무나 아까웠다.

나는 곧 "아니, 그 돈으로 대출 끼고 월세 나오는 조그만 오피스텔이라도 사지 그랬어? 예금 이자도 낮은데 너무 아깝다"라고 하자, 친구는 바로 정색을 하면서 이렇게 답했다.

"야! 월세 놓는 거 그게 쉬운 일이 아니야. 우리 어머님은 수원에 56제곱미터(17평) J아파트를 월세로 놓았다가 세입자가 월세를 몇 달째 안 내고 있어서 마음고생 중이셔. 월세는 관리하기도 힘들잖아. 세입자가 월세 안 낸다고 하면 어떡해? 집값이 떨어져도 문제고. 차라리 예금에 넣어두는 게 편하다니까!"

주변을 보면 당장 임대 소득을 올릴 수 있는 오피스텔이나 소형 아파트를 매수할 능력이 되는데도, 정확한 조사 없이 막연한 공포심과 두려움에 휩싸여 자산을 그냥 깔고 앉아 있는 사람들이 많다. 친구의 이야기를 듣고 나서, 나는 그 친구가 1억 원에 달하는 돈을 예금에 넣어두고도 아무것도 하지 않았던 이유에 대해 곰곰이 생각해보았다.

물론 막연한 두려움도 있었겠지만, 그녀를 새로운 도전으로 이끌 만큼 강렬한 소망이 없었기 때문은 아닐까 싶다. 세상에 과연 두려움이 없는 사람이 있을까? 나 역시 부동산 투자나 세입자에 대한 두려움이 있었다. 그렇지만, 나는 나 자신을 위해 좀 더 많은 시간을 보내길 원했고, 아이와 함께 시간을 보낼 때도 수입이 들어오길 바랐고, 반드시 부동산이 아니더라도 우리 삶의 중요한 요소인 '돈을 관리하는 방법'에 대해서 공부해보고 싶었다. 십여 년을 다니던 직장에서 명예퇴직을 하기로 결정한 선배 역시 자신이 원하던 강렬한 소망이 있었기에 돈을 통제하고 싶어 했다.

돈 공부는 결국 자신의 꿈을 확인하는 과정이다

나는 돈 공부를 하면서 부동산 공부 역시 순차적으로 한 걸음 한 걸음씩 나아갔다. 처음에 실거주 목적의 아파트를 매수했고, 이후 월세를 받을 수 있는 소형 임대용 아파트를 공략했다. 가격이 높은 물건을 무리하여 투자하기보다 내가 감당할 수 있는 수준에서 투자했다.

내가 보유하고 있는 수익형 물건 중 하나는 일산의 소형 아파트인 문촌마을 부영아파트이다. 2014년 1억 3200만 원에 매수한 이 물건은 리모델링을 한 후 '보증금 2000만 원에 50만 원'으로 월세를 놓고 있다. 현재 이 아파트의 시세는 작은 평수가 4억 5000만 원이고, 월세는 '보증금 2000만 원에 70만 원' 정도이다. 이 물건은 소형이라 공실의 위험이 거의 없고, 매수할 때 자금 부담이 매우 적었다. 이 물건은 나에게 몇 년 동안 꼬박꼬박 월세 소득을 안겨주고 있다.

위에서 언급한 내 친구의 경우 나처럼 수익형 물건에 투자할 수 있는 자금 능력을 충분히 갖고 있었다. 그렇지만, 그 돈을 그저 통장 속에서 잠자게 했다. 그리고 2년이 지난 후 집 주인에게 1억 원의 전세금을 올려주면서 본인이 아니라 집주인이 부자가 될 수 있도록 자금을 보태주었다.

가슴속에 강렬한 소망이 없다면, 우리는 그 무엇도 시작하지 못한다. 한편 강렬한 소망이 있다고 해도 막연한 두려움을 극복하지 못한다면 그 자리에서 더 이상 앞으로 나아가지 못한다. 따라서 강렬한 소망과 두려움을 극복하려는 용기는 늘 함께 지녀야 한다.

엄마에게 돈 공부란, 바로 자기 안에 숨겨진 뜨거운 소망을 확인하는 일이다. 또 이를 위해 도전하고 행동할 수 있는 용기를 장착하고, 두려움을 극복해나가는 전 과정을 뜻한다. 그 과정에서 엄마는 또 다른 나를 발견할 수 있고, 사랑하는 가족을 책임질 수 있는 자신감을 얻게 된다.

따라서 엄마에게 돈 공부란 단순히 돈을 더 많이 벌어야 한다는 목적에 이끌려 가는 과정이 아니다. 그것은 자신의 꿈과 소망을 확인하면서 시작되며, 사랑과 책임감으로 이끌어지는 인생의 여정이라 할 수 있다. 이 책을 읽고 있는 당신 또한 이제부터 그 아름다운 여정을 시작하기를 진심으로 기원한다.

돈에 대한 자신감이
엄마의 자존감을 높인다

사람들은 돈에 관하여 이야기하기를 꺼린다. 또 돈은 공개적인 자리에서 무엇이라고 이야기하기도 참 애매한, 어려운 주제이기도 하다. 그렇지만 확실한 건 여전히 수많은 사람이 돈을 인생의 중심에 놓고 돈을 벌기 위해 어쩔 수 없이 소중한 무언가를 희생하고 있다는 것이다. 그 희생의 대상은 가족이 될 수도 있고, 건강이 되기도 하며, 꿈이 되기도 한다.

나는 솔직히 첫 책으로 '돈 공부'에 관한 책을 쓰리라고는 생각도 하지 못했다. 언젠가 나이가 들어서 책을 쓴다면 '여성이 행복하게 잘 사는 법'이나 '여성이 인생을 멋지게 사는 법'과 같은 다소 추상적인 주제의 글을 쓰게 될 것 같았다. 그런데 그런 글을 쓰려고 펜을 든 순간, 나의 내면 깊은 곳에서 어떤 속삭임이 들려왔다.

지금 너의 삶에서 떼려야 뗄 수 없는 것이 무엇이니? 우리의 삶은 시간으로 이루어져 있고 그 시간을 어떻게 쓰는가는 상당 부분 돈이라는 기본적인 요소로 구성되어 있잖아. 삶의 모든 것은 연결되어 있는데 과연 시간과 돈을 먼저 짚고 넘어가지 않은 채 삶에 대해 막연하게 이야기하는 것이 괜찮을까?

마치 우리가 점잖은 척하면서 솔직한 마음은 숨기듯이, 어쩌면 나는 왠지 속물 같아 보일 수도 있는 돈 이야기보다는 좀 더 고상한 이야기로 종이를 가득 채워보고 싶었는지도 모른다.

하지만, 돈이란 무엇인가? 나는 돈이란 우리 삶을 지탱하는 뼈대와도 같다고 생각한다. 멋진 집을 짓고 가꾸려고 할 때 가장 먼저 맨 아래 골조를 단단히 세워야 하듯이, 우리가 행복하고 성공적인 삶을 살기를 원한다면 반드시 인생의 가장 기본적인 요소인 시간과 돈을 활용하는 방법을 익혀야 한다.

미국의 목사이자 노예폐지 운동가였던 헨리 워드 비처는 "부는 인생의 목표가 아니라 인생의 수단이다"라고 말했다. 인생의 수단이 되어주는 돈을 현명하게 모으고 다루고 활용하는 과정에서 우리는 삶의 목적을 더욱 굳건히 지킬 수 있고, 우리 내면에 자리 잡은 강인함을 깨닫게 된다.

그런데 많은 여성들이 결혼하기 전에는 부모님에게 돈 관리를 부탁하고, 결혼하고 나면 남편에게 돈을 맡기곤 한다. "나는 숫자는 질색이야", "재테크라니, 말만 들어도 복잡해", "돈은 너무 어려워"라는 생각은 경제적으로 스스로를 책임지고 주도적인 역할을 할 수 있는 능력을 빼앗아 가 버린다. 그럼에도 여전히 엄마가 된 많은 여성은 여전히 "나를 위해 쓸 돈이 도대체 어디 있어?", "이미 아이도 있는데 내가 이 상태에서 어떻게 더 벌겠어?", "자식 농사 잘 짓는 게 최고라는데, 그 말이 맞지"라면서 자신에게 찾아오는 수많은 기회를 놓치곤 한다.

나는 이 책을 통해 엄마들이 자신과 가족을 위해서 더 나은 미래를 만들기를 바랐고, 삶의 기본 요소인 돈을 어떻게 관리해야 하는지에 관한 현실적인 대안을 제시하고 싶었다. 돈에 대한 자신감이 엄마의 자존감을 높여주고, 자존감이 높은 엄마가 아이도 행복하게 만들기 때문이다.

마지막으로, 반드시 짚고 넘어가고 싶은 점이 있다. 바로 나를 포함하여 지금 이 글을 읽고 있는 당신은 참으로 운이 좋다는 사실이다. 주변을 보면 여전히 많은 사람이 아이를 갖고 싶어도 아이가 생기지 않아서 마음 아파하기도 하고 인공 수정 과정에서 수년간 정신적으로나 육체적으로 고통을 받고 있기도 하다. 또한 아이를 낳고서도 경제적인 이유 혹은 기타 등등의 이유로 자신의 아이를 포기하기도 하고, 자신의 삶을 포기하기도 한다. 우리 어머니와 할머니 세대는 일생을 가족을 위해 희생하는 것이 사회적으로 너무나 당연한 일이었다. 그러나 지금 우리는 우리가 원한다면 얼마든지 자신의 삶을 주체적으로 가꿔갈 수 있는 환경에서 살고 있다.

엄마가 된다는 것은 세상에서 가장 소중한 내 편을 한 사람 더 얻는 일이다. 엄마가 되었다는 것은 진정한 사랑으로 나와 가족을 이해하며 더 깊은 인생을 살 기회를 얻은 것이다. 엄마가 되었다는 것은 그 어떤 일과도 비교될 수 없는 가장 큰 축복이자 행운이다. 이 점을 인정하고 나면 가슴속 깊이 감사함으로 충만해짐을 느낄 수 있을 것이다.

얼마 전 야근을 하고 늦은 밤 퇴근길에 아이에게 전화했다.

"민성아, 엄마 일이 지금 끝나서 이제야 집에 가네. 미안해. 우리 민성이 보려고 지금 빨리 뛰어가고 있어!"

그랬더니 이제 여섯 살 된 둘째는 전화기에 대고 큰 목소리로 다급하게 말한다.

"엄마! 뛰지 마세요. 뛰면 넘어져서 다쳐요. 뛰지 말고 천천히 앞 잘 보고 걸어와야 해요. 알았죠?"

뛰다가 넘어져 이마를 꿰매기도 했고 무릎에 피가 난 적도 있었던 둘째는 내심 엄마가 뛰어오다 다칠까 봐 걱정됐는지 천천히 오라고 신신당부했다.

"알았어. 엄마 조심히 걸어갈게. 형아랑 책 읽고 있으면 좋겠구나."

그렇게 전화를 끊은 내 눈에는 눈물이 맺혔다. 둘째의 말을 곱씹으면서 힘껏 뛰어가는데 마음속에서 무엇인가가 뜨겁게 끓어올랐다. 자주 늦는데도 원망하지 않고, 다른 엄마들과 비교할 줄도 모르고, 밤늦게까지 현관 앞에서 엄마만 기다리고 있는 두 아이. 그 아이들이 이토록 나를 눈물짓게 한다.

사랑! 내 안에 있는 사랑은 그 무엇과도 비교할 수 없는 강한 힘으로 나를 이끌어 간다. 작고 미약하기만 한 '나'라는 존재는 이렇게 '엄마'가 되어 아이들이 베푸는 큰 사랑 속에서 하나의 단단한 존재가 되어간다.

지금 이 글을 쓰고 있는 순간, 당신이 어떤 상황에 부닥쳐 있는지 나는 알지 못한다. 심적으로나 경제적으로 어려움을 겪고 있을 수도 있고, 혼란을 겪고 있을 수도 있다. 어떤 상황에 있는지는 알 수 없지만, 내가 분명히 알고 있는 사실이 한 가지 있다. 당신의 내면에는 그 누구도 알지 못하는 '거인'이 존재한다는 것이다. 끊임없이 내면의 목소리를 따르면서 삶의 여정을 진실하게 마주하고 걸어간다면 내 안의 거인을 발견하는 날이 올 것이다. 자신과 가족에 대한 진정한 사랑으로 마음을 채운다면 세상에 두려워할 것은 없다.

'엄마의 돈 공부'라는 주제로 내가 진정으로 하고 싶었던 말은, 어떠한 순간에도 자신을 굳건히 믿고 자신을 잃지 않는 힘을 기르고, 나에 대한 사랑과 아이에 대한 사랑을 바탕으로 삶을 온전하게 책임지는 존재가 되기 위해 노력해야 한다는 것이다. 당신에게는 돈에 쫓기기만 하는 삶이 아닌 돈으로부터 자유로워지고, 당당하게 자신의 삶과 아이의 삶을 이끌어 가는 엄마가 됨으로써 행복과 부를 함께 이뤄나갈 권리가 있다.

이제, 나 자신을 믿으면서 경제적 자유와 온전한 삶으로의 여정을 당당하게 떠나보자.

모두의 건승을 빌며,
이지영

경제적 자유를 위한 난생처음 부자 수업

엄마의 돈 공부

초판 1쇄 발행 2016년 4월 21일
초판 16쇄 발행 2020년 6월 2일

개정판 1쇄 발행 2021년 8월 25일
개정판 2쇄 발행 2021년 9월 10일

지은이 이지영
펴낸이 김선식

경영총괄 김은영
책임편집 옥다애 **디자인** 황정민 **크로스교정** 조세현 **책임마케터** 최혜령
콘텐츠사업4팀장 김대한 **콘텐츠사업4팀** 황정민, 임소연, 박혜원, 옥다애
마케팅본부장 이주화 **마케팅1팀** 최혜령, 박지수, 오서영
미디어홍보본부장 정명찬 **홍보팀** 안지혜, 김재선, 이소영, 김은지, 박재연, 오수미, 이예주
뉴미디어팀 김선욱, 허지호, 염아라, 김혜원, 이수인, 임유나, 배한진, 석찬미
저작권팀 한승빈, 김재원
경영관리본부 허대우, 하미선, 박상민, 권송이, 김민아, 윤이경, 이소희, 이우철, 김혜진, 김재경, 최완규, 이지우

펴낸곳 다산북스 **출판등록** 2005년 12월 23일 제313-2005-00277호
주소 경기도 파주시 회동길 490 다산북스 파주사옥
전화 02-702-1724 **팩스** 02-703-2219 **이메일** dasanbooks@dasanbooks.com
홈페이지 www.dasanbooks.com **블로그** blog.naver.com/dasan_books
종이 (주)아이피피 **인쇄·출력** 민언프린텍 **코팅·후가공** 제이오엘앤피 **제본** 정문바인텍

ISBN 979-11-306-4058-7 (03320)

다산북스(DASANBOOKS)는 독자 여러분의 책에 관한 아이디어와 원고 투고를 기쁜 마음으로 기다리고 있습니다.
책 출간을 원하는 아이디어가 있으신 분은 다산북스 홈페이지 '원고투고'란으로 간단한 개요와 취지, 연락처 등을 보내주세요.
머뭇거리지 말고 문을 두드리세요.